W0399371

Gernot Starke und Peter Hruschka

Zertifizierung für Softwarearchitekten –

Ihr Weg zur iSAQB-CPSA-F-Prüfung

Gernot Starke und Peter Hruschka

Zertifizierung für Softwarearchitekten

Ihr Weg zur iSAQB-CPSA-F-Prüfung

schnell+kompakt

entwickler.press

Gernot Starke und Peter Hruschka
Zertifizierung für Softwarearchitekten –
Ihr Weg zur iSAQB-CPSA-F-Prüfung
schnell+kompakt
ISBN: 978-3-86802-121-9

http://www.entwickler-press.de
http://www.software-support.biz

Ihr Kontakt zum Verlag und Lektorat: lektorat@entwickler-press.de

Bibliografische Information Der Deutschen Bibliothek
Die Deutsche Bibliothek verzeichnet diese Publikation in der Deutschen Nationalbibliografie; detaillierte bibliografische Daten sind im Internet über http://dnb.ddb.de abrufbar.

Lektorat: Theresa Vögle
Korrektorat: Jennifer Diener
Satz: Dominique Kalbassi
Umschlaggestaltung: Maria Rudi
Belichtung, Druck & Bindung: M.P. Media-Print Informationstechnologie GmbH, Paderborn

Inhaltsverzeichnis

Übersicht der iSAQB-Lernziele

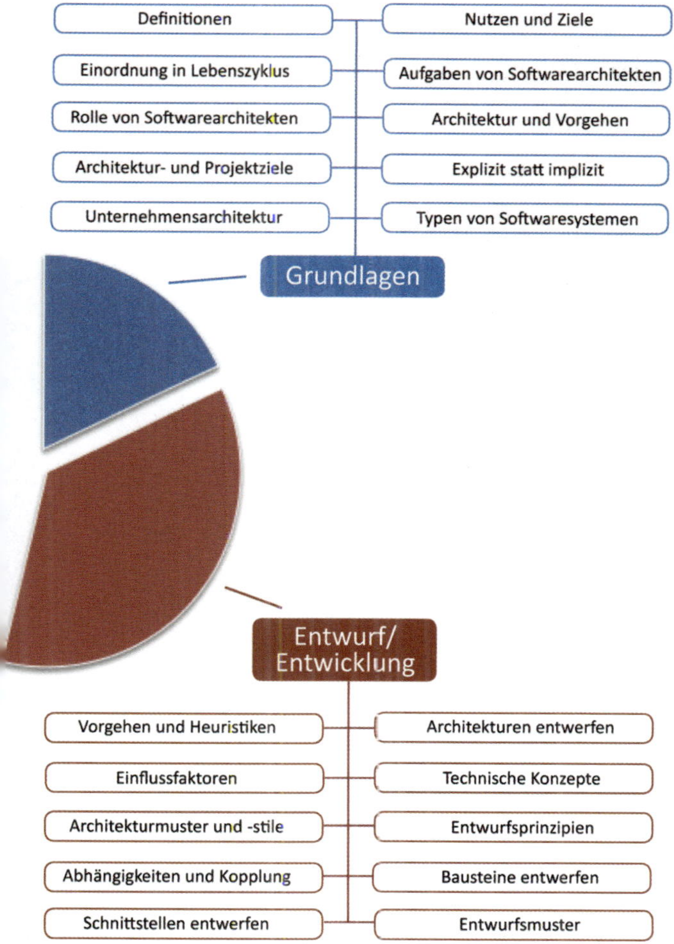
Definitionen
Nutzen und Ziele
Einordnung in Lebenszyklus
Aufgaben von Softwarearchitekten
Rolle von Softwarearchitekten
Architektur und Vorgehen
Architektur- und Projektziele
Explizit statt implizit
Unternehmensarchitektur
Typen von Softwaresystemen
Grundlagen
Entwurf/
Entwicklung
Vorgehen und Heuristiken
Architekturen entwerfen
Einflussfaktoren
Technische Konzepte
Architekturmuster und -stile
Entwurfsprinzipien
Abhängigkeiten und Kopplung
Bausteine entwerfen
Schnittstellen entwerfen
Entwurfsmuster

KAPITEL 1

Wie können Softwarearchitekten lernen?

Seit langer Zeit fragen Kunden uns regelmäßig, was Softwarearchitekten denn lernen sollten. Für andere Ingenieurdisziplinen – etwa für Gebäudearchitekten, Maschinenbauingenieure und auch für alle Arten von Handwerkern – gibt es fest definierte und über viele Jahre erprobte Lehr- und Ausbildungspläne, inklusive Prüfungsordnung. Für Softwarearchitektur fehlte dieser Lehrplan lange Zeit – bis sich Mitte 2007 viele Gleichgesinnte (uns eingeschlossen) aus Hochschulen und verschiedenen Firmen zusammenfanden, um dieses Defizit zu beheben: Wir gründeten gemeinsam das „International Software Architecture Qualification Board“ (iSAQB) [1] als eingetragenen Verein.

Dessen Ziel ist es, das Curriculum für Softwarearchitekten festzulegen und eine passende Prüfungsordnung zu definieren. Nach intensiver Abstimmung und Reviews veröffentlichte der iSAQB Mitte 2009 den ersten Lehrplan für die grundlegende Ausbildung von Softwarearchitekten, eine aktualisierte Fassung folgte Ende 2013. Seither können sich Softwarearchitekten nach diesem Lehrplan zertifizieren lassen.

Bis Ende 2013 haben über 3 000 Personen erfolgreich die Prüfung zum „Certified Professional for Software Architecture, Foundation Level" (CPSA-F) abgelegt.

ISAQB schließt eine Lücke in der IT-Ausbildung

Softwarearchitektur ist auch innerhalb der IT eine relativ junge Disziplin, über deren genauen Umfang und Ausgestaltung in der Informatikbranche trotz vieler Publikationen immer noch unterschiedliche Meinungen kursieren. Die Aufgaben und Verantwortungsbereiche von Softwarearchitekten werden unterschiedlich definiert und in vielen Entwicklungsprojekten ständig neu verhandelt.

Für andere IT-Disziplinen wie Projektmanagement, Requirements Engineering oder Testen besteht weitgehenden Konsens, was deren Arbeitsbereiche betrifft. Für sie bieten unabhängige Organisationen Lehrpläne an, die klar beschreiben, welche Kenntnisse und Fähigkeiten eine entsprechende Ausbildung vermitteln soll: für Requirements Engineering das IREB (International Requirements Engineering Board – *www.certified-re.de*); für Projektmanagement gibt es mehrere solcher Organisationen mit leicht unterschiedlichem Fokus, etwa das PMI *(www.pmi.org)*, und für Tester das ISTQB (International Software Testing Qualification Board – *www.istqb.org*). Die Ausbildungslücke im Bereich Softwarearchitektur schließt das iSAQB.

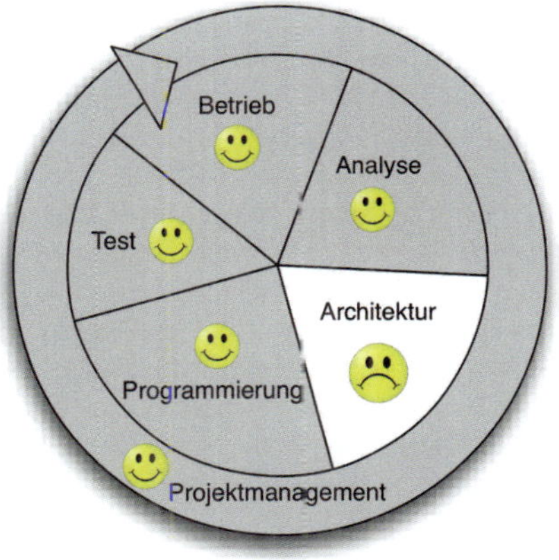

Pro und Contra Zertifizierung

Wir (die Autoren) wissen, dass Sie durch eine erfolgreiche Zertifizierung nicht automatisch bessere Softwarearchitekturen entwickeln und umsetzen können. Aber ein abgeschlossenes Informatikstudium an einer Hochschule garantiert das ebenfalls nicht. Trotzdem streben Auszubildende und Studenten in der Regel einen standardisierten Abschluss an – weil die meisten Organisationen und Unternehmen genau auf solche Formalien achten.
Häufig sehen sich Zertifizierungsprogramme dem Vorwurf der „Gelddruckmaschinen" ausgesetzt, die wenig an echter Qualifikation interessiert sind. Der iSAQB e.V. deckelt darum die Höhe der Prüfungsgebühren auf ein moderates Niveau. Weiterhin sorgt die heterogene Mitgliederstruktur für

ausgewogene fachliche Abstimmungen, und die öffentlichen Lehrpläne gewährleisten eine hohe inhaltliche Transparenz. Die unter Kontrolle des iSAQB e.V. von verschiedenen Prüfungsorganisationen angebotene Zertifizierung zum „Certified Professional for Software Architecture (Foundation Level)“ belegt zumindest, dass deren Absolventen sich intensiv mit den wesentlichen Themenbereichen rund um Softwarearchitekturen auseinandergesetzt haben.
Mit den seit 2013 angebotenen Advanced-Level-Zertifikaten (CPSA-A) werden als Ergänzung zur Grundausbildung in hohem Maße auch praktische Fähigkeiten einer Prüfung unterzogen. Mehr Details dazu finden Sie in Kapitel 11 und auf *www.isaqb.org*.

Unser Tipp: Lernen Sie der Inhalte wegen, weil Sie methodisches Vorgehen in jedem Fall zu besseren Architekturen führen wird. Und falls Ihre Organisation Wert auf Zertifikate legt, dann nur zu.

Was lernen Sie denn?

Das iSAQB-Curriculum (und wir persönlich auch!) gehen davon aus, dass Sie über fundierte technische Kenntnisse der Programmierung und Softwareentwicklung verfügen, bevor Sie sich an die Konstruktion von Softwarearchitekturen heranwagen. Folgende konkrete Voraussetzungen sollten Sie besitzen:

- Praktische Erfahrung in mehr als einer höheren Programmiersprache, erworben durch Softwareentwicklung außerhalb der Ausbildung
- Erfahrung aus verschiedenen Projekten oder Systemen
- Grundlagen der Modellierung und Abstraktion

- Grundlagen von UML
- Praktische Erfahrung in technischer Dokumentation, insbesondere der Beschreibung von Systementwürfen oder technischen Konzepten

Zusätzlich könnten Ihnen beim Verständnis einiger Lerninhalte eine Portion Objektorientierung sowie etwas Erfahrung mit der Entwicklung verteilt ablaufender Anwendungen (etwa Client-/Server-Systeme oder Webanwendungen) helfen.

Diese Voraussetzungen schaffen Sie am besten durch einige Jahre Berufserfahrung in der Softwareentwicklung. Auf dieser Basis schreibt der iSAQB-Lehrplan die folgenden sechs Ausbildungsbereiche vor:

- Grundbegriffe von Softwarearchitekturen: Rollen und Aufgaben von Softwarearchitekten, wichtige Arbeitsergebnisse, Zusammenarbeit mit anderen Projektbeteiligten.
- Entwicklung und Entwurf von Softwarearchitekturen: Wie können Sie systematisch Strukturen und Konzepte für Softwaresysteme entwerfen? Das ist der wohl wesentliche Teil des iSAQB-Lehrplans und der praktischen Tätigkeit von Softwarearchitekten.
- Beschreibung und Kommunikation von Softwarearchitekturen: Wie und was dokumentieren Sie, wie vermitteln Sie Ihre Ideen, Konzepte und Entscheidungen den beteiligten Personen?
- Architektur und Qualität: Wie können Sie die für Ihr System geforderten Qualitätsmerkmale systematisch erreichen? Wie können Sie Ihre Entwürfe daraufhin bewerten oder diagnostizieren?
- Werkzeuge: Welche Kategorien von Werkzeugen sollten Sie kennen? Keine Sorge – Sie müssen für iSAQB keine Tools installieren. Es geht hier ums Prinzip.

- Beispiele: Angehende Softwarearchitekten sollten gute und schlechte Beispiele konkreter Architekturen gesehen und mit ihresgleichen diskutiert haben – auch über den Horizont der eigenen Praxis hinaus.

Die Tortengrafik zeigt die Gewichtung dieser Themenbereiche: Entwicklung und Entwurf steht der größte Block zu – dicht gefolgt von Beschreibung und den Grundbegriffen.

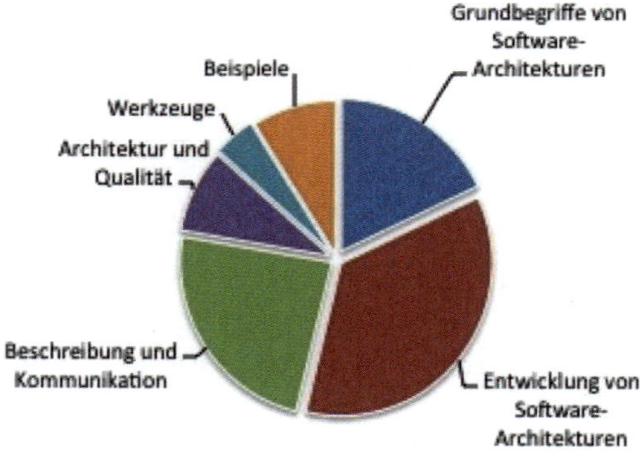

Die folgenden Kapitel motivieren und erläutern diese Lerninhalte.

Nach dem Lernen auch zur Prüfung?

Ähnlich wie in Schule, Ausbildung oder Studium können Sie auch bei iSAQB-basierter Ausbildung von Softwarearchitekten im Anschluss an das Training oder die Schulung eine Prüfung ablegen. Erfolgreiches Bestehen ist Voraussetzung, um das Zertifikat *Certified Professional for Software Architecture (Foundation Level)* zu erhalten.

Im Gegensatz zu Schule und Uni verfolgt der iSAQB e.V. dabei eine klare Trennung zwischen Schulungsanbietern und Prüfungsorganisation: Kein Trainer darf eine Zertifizierungsprüfung durchführen – und die Prüfungsorganisationen dürfen keine Architekturausbildung veranstalten. Diese Trennung vermeidet Interessenkonflikte schon im Vorfeld.

Die CPSA-Zertifizierung gilt übrigens, wie auch Abitur und Diplome, zeitlich unbegrenzt – ohne das bei anderen Organisationen übliche „für Verlängerung erneut bezahlen".

Alternative Lehrpläne und Prüfungen

Auch andere Organisationen bieten Aus- und Weiterbildung sowie Prüfungen rund um Softwarearchitekturen an. Wir, die Autoren, haben einige dieser Alternativen gründlich evaluiert, bevor wir den iSAQB mitgegründet haben. Aus unserer Sicht hatten alle anderen Lehr- und Prüfungspläne jedoch gravierende Nachteile, sodass wir sie unseren Kunden nicht ruhigen Gewissens empfehlen konnten. Zwei Beispiele:

- Die Technologieanbieter, beispielsweise Oracle (früher Sun) oder Microsoft, setzen den Schwerpunkt auf ihre jeweilige Technologie. Neutrale, technologieübergreifende Methodik kommt dabei relativ kurz. Die entsprechenden Ausbildungen sind großartig, wenn Sie in genau diesen Technologien Systeme bauen müssen – sie bringen Ihnen aber unserer Meinung nach zu wenig darüber hinaus bei[1].

---

1 Die Kombination aus beispielsweise dem „Certified Java Enterprise Architect" und dem iSAQB CPSA-F halten wir für eine optimale Vorbereitung auf „echte" Architekturaufgaben.

- Die OpenGroup mit dem umfangreichen TOGAF-Framework [2] – richtet sich eher an IT-Strategen denn an Praktiker (oder Pragmatiker). Uns war das für Softwarearchitekten viel zu weit weg von konkreten Entwurfsentscheidungen oder gar Quellcode.
- Das Software Engineering Institute (SEI) der Carnegie-Mellon University bietet speziell für Softwarearchitekten eine Reihe von Zertifizierungen [3] an. Interessant hier: Bewerber für SEI-Zertifizierungen müssen eine Eingangsprüfung absolvieren, die sich mit dem iSAQB-Lehrplan teilweise überschneidet. Danach können Sie Software Architecture Professional, SOA Architecture Professional oder ATAM Evaluator werden – Besuch entsprechender Schulungen vorausgesetzt.
- Spezialisierte Zertifikate, etwa im Bereich Data Warehouse, Business Intelligence oder Datenbanken, decken jeweils nur Teile dessen ab, was wir von verantwortungsbewussten Softwarearchitekten erwarten – weil auch diese oftmals auf rein technischen Fähigkeiten fokussieren.

Voraussetzung: Ständige Neugier

©istockphoto.com/volare2004

Was Ihnen das offizielle und mittlerweile verbreitete Curriculum verschweigt, ist eine Grundanforderung an Softwarearchitekten: Neugierde. Interesse daran, zusätzlich zu eigenen Erfahrungen neue Ansätze, Technologien oder Methoden zu erlernen und mit bekannten Dingen zu vergleichen. Ohne diese Bereitschaft, ständig zu lernen, nimmt der Wert von Architektenwissen und

-fähigkeiten mit der Zeit immer mehr ab. Sie kennen ja die kurzen Halbwertszeiten vieler Themen in der IT.

Fazit

Die gute Nachricht: Das Berufsbild von Softwarearchitekten hat durch den umfangreichen und praxisnahen iSAQB-Lehrplan deutlich an Kontur gewonnen. Dieses Curriculum kann Ihnen helfen, Ihre Aufgaben in Projekten gegenüber anderen Rollen besser abzugrenzen.

Die schlechte Nachricht: Auch Absolventen einer wohldefinierten Ausbildung können immer noch schlechte Architekturentscheidungen treffen ... Sie müssen also auch weiterhin gut nachdenken – und iterativ arbeiten.

Links & Literatur

[1] International Software Architecture Qualification Board (iSAQB), siehe *http://www.isaqb.org*: der Verein zur Definition und Standardisierung von Ausbildung und Qualifikation von Softwarearchitekten. Falls Sie aktiv und ehrenamtlich mitarbeiten möchten, etwa bei der Verbesserung und Weiterentwicklung des Lehrplans oder der Advanced-Level-Ausbildung – herzlich willkommen. Die Atmosphäre ist großartig, und von den Mitgliedern kann man immer wieder interessante Dinge über Architektur lernen.

[2] OpenGroup: *http://www.opengroup.org/togaf/*

[3] Software Engineering Institute (SEI): *http://www.sei.cmu.edu/training/certificates/architecture/*

Der Zehnkämpfer

Im letzten Kapitel haben wir Sie mit dem Lehrplan des iSAQB e.V. bekannt gemacht. Einer der wichtigsten Punkte auf Ihrem Weg zum CPSA-F-Zertifikat ist ein solides Verständnis des Berufsbilds eines Softwarearchitekten.

Softwarearchitekten – die Zehnkämpfer der IT

Wir teilen die (verbreitete) Meinung, dass Softwarearchitekten *Technologie* gut kennen müssen, um die wesentlichen technischen Entscheidungen für ein System treffen und verantworten zu können. Softwarearchitekten müssen darüber hinaus über eine Vielzahl weiterer Fähigkeiten verfügen und entsprechende Aufgaben erledigen können. Die verantwortungsbewussten Über-den-Tellerrand-Gucker bilden in Projekten ein wichtiges Bindeglied zwischen unterschiedlichen Stakeholdergruppen wie Managern, Fachleuten (Businessexperten, Fachleuten, Requirements Engineers), Entwicklungsteams, Testern und Administratoren oder Hardwareingenieuren.

2.1 Aufgaben von Softwarearchitekten

Unserer Ansicht nach müssen Softwarearchitekten sechs wichtige Aufgaben lösen, um eine angemessene, qualitativ hochwertige Lösung zu gegebenen Anforderungen entwickeln zu können. Das erscheint Ihnen zu viel – weil „System entwerfen" sich nach nur einer einzigen Aufgabe anhört? Softwarearchitekten müssen schon etwas mehr leisten ...

Anforderungen und Randbedingungen klären

Machen Sie sich ein Bild von Qualität und Stabilität der Anforderungen und Randbedingungen. Bessern Sie nach, wo Sie es für sinnvoll halten. Fordern Sie insbesondere explizite, konkrete und operationalisierte Qualitätsziele von Ihren Kunden oder Auftraggebern ein. Grenzen Sie Ihr System fachlich und technisch sauber von allen bekannten Nachbarsystemen ab. Stellen Sie sicher, dass Sie organisatorische und technische Randbedingungen (oder Einschränkungen) kennen, bevor Sie Entwurfsentscheidungen treffen.

Strukturen entwerfen

Dies gilt oft als die Hauptaufgabe von Softwarearchitekten. Sie müssen die grundlegenden Bausteine des Systems festlegen und für alle Projektbeteiligten nachvollziehbar dokumentieren. Das Ergebnis dieser Tätigkeit – die Strukturen des Systems – ist vor allem für die Entwickler die maßgebliche Vorgabe, denn sie müssen gemäß dieser Strukturen und den Architektenentscheidungen das System implementieren. Ähnlich wie Sie sich als Hauskäufer wahrscheinlich für mehrere Strukturen interessieren (etwa: Grundriss, Elektro-, Heizungs- und Wasserleitungsplan), stehen Ihnen für die Architektur mehrere relevante Strukturen oder Sichten auf das System zur Verfügung [1].

Konzepte entwerfen

Manche Entwurfsentscheidungen gelten über einzelne Bausteine hinaus und schlagen sich an vielen Stellen im Quellcode nieder. Solche übergreifenden Themen sollten Sie zentral und redundanzfrei behandeln. Wir schlagen dafür „Konzepte“ vor. Mit diesen legen Sie Lösungsansätze fest, die bei der Entwicklung unterschiedlicher Bausteine konsistent angewendet werden. Beispiele solcher Konzepte sind Datenspeicherung, Benutzeroberfläche, Transaktions- oder Sessionbehandlung.

Wir sind der Meinung, dass Sie in kleinen Teams viel besser entwerfen können als alleine. Treffen Sie wichtige Entscheidungen über Strukturen und Konzepte lieber mit Ihren Teams gemeinsam, statt sich in einen Elfenbeinturm zu verkriechen.

Andererseits kann zu viel Demokratie in der Konstruktion von Software jeglichen Fortschritt zum Erliegen bringen – Sie müssen einen für Ihr Team passenden Mittelweg finden!

Architektur kommunizieren

„Wenn Sie glauben, dass Ihre Architektur gut ist, so haben Sie diese noch niemandem gezeigt", sagt ein bekanntes Bonmot – dem wir voll zustimmen. Zu Ihren immer wiederkehrenden Tätigkeiten als Architekt gehört es, allen Stakeholdern – nicht nur dem Entwicklungsteam – die Architektur in geeigneter Weise zu vermitteln. Nur so erhalten Sie von den Stakeholdern das für Sie wertvolle Feedback zu Entwurfs- und Technologieentscheidungen.

Umsetzung begleiten

Ihre Rolle und Ihre Verantwortung erfordert die kontinuierliche Überprüfung und Überwachung der vorgegebenen Strukturen sowie die zeitgerechte Einarbeitung berechtigter Änderungswünsche. Sie (oder ein schlagkräftiges Architekturteam) passen regelmäßig die Architektur (oder Teile davon) an neue Anforderungen, Randbedingungen oder Erkenntnisse im Projekt an. Zu dieser Aufgabe gehört die regelmäßige Kommunikation mit dem Entwicklungsteam.

Architektur bewerten

Prüfen Sie systematisch, ob die Architektur die Qualitätsziele überhaupt erreichen kann – oder ob Nachbesserung notwendig ist. Diese Aufgaben beeinflussen sich gegenseitig. In der Praxis werden Sie an mehreren dieser Aufgaben parallel arbeiten.

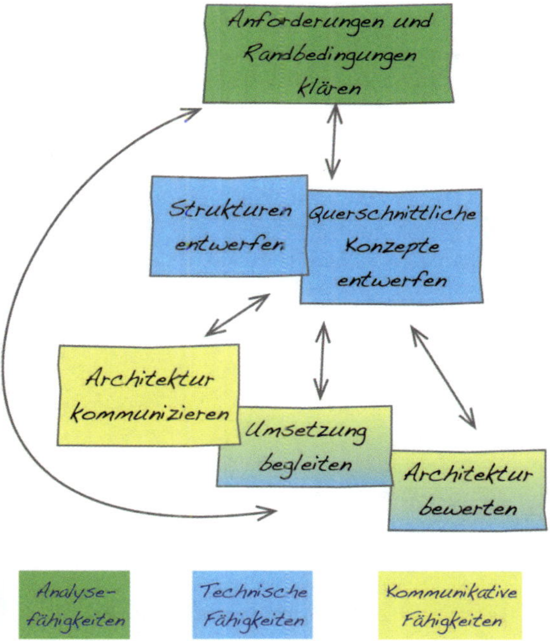

Abbildung 2.1: Die vielfältigen Aufgaben von Softwarearchitekten

Die Pfeile zwischen den Aktivitäten zeigen, wo Aktivitäten sich gegenseitig beeinflussen. Den gesamten Prozess sollten Sie möglichst iterativ organisieren, d. h. die Ergebnisse der einzelnen Aktivitäten in Abhängigkeit von der Rückmeldung Ihrer Stakeholder verfeinern oder überarbeiten.

2.2 Warum Zehnkämpfer?

Nur sechs Aktivitäten – aber Zehnkämpfer im Titel? Doch – wir können zählen ... Die Helden der Leichtathletik waren uns ein Vorbild – und in [2] haben wir diesen Vergleich durch zehn Fähigkeiten (als Ergänzung zu den sechs Tätigkeiten) ausführlicher erläutert.

Der iSAQB-Lehrplan

Das Kapitel 1 des iSAQB-Lehrplans gibt zu Grundlagen von Softwarearchitektur sowie Aufgaben von Softwarearchitekten folgende Lernziele vor:

Prüfungsrelevante Lernziele[1]:

- LZ 1-1: Definitionen von Softwarearchitektur (R1), insbesondere deren Gemeinsamkeiten und Kernbegriffe wie Bausteine, Komponenten, Schnittstellen, Prinzipien/Konzepte, Entwurfsentscheidungen.
- LZ 1-2: Nutzen und Ziele von Softwarearchitektur verstehen und herausstellen (R1), insbesondere der Fokus auf den Qualitätsmerkmalen, unter anderem Langlebigkeit, Wart- und Änderbarkeit sowie Robustheit.

---

1 Der iSAQB differenziert Lernziele in drei Stufen R1–R3. Die Abstufung bezieht sich auf die Prüfungsrelevanz:
R1: Prüfungsrelevant, Inhalte werden geprüft. Diese Inhalte sollten Architekten selbstständig anwenden können.
R2: Eingeschränkt prüfungsrelevant, Inhalte können geprüft werden. Diese Inhalte sollten Architekten grundsätzlich verstehen.
R3: Nicht prüfungsrelevant, Inhalte werden nicht geprüft. Architekten sollten solche Themen trotzdem kennen.

- LZ 1-3: Softwarearchitektur in Softwarelebenszyklus einordnen (R2).
- LZ 1-4: Aufgabe und Verantwortung von Softwarearchitekten verstehen (R1).
- LZ 1-5: Rolle von Softwarearchitekten in Beziehung zu anderen Stakeholdern setzen (R1), insbesondere aus den Bereichen Anforderungsanalyse, Implementierung, Management, Betrieb, Qualitätssicherung oder Hardwareentwicklung.
- LZ 1-6: Zusammenhang zwischen Entwicklungsvorgehen und Softwarearchitektur erläutern (R1), etwa bezüglich Risikomanagement. In diesem Zusammenhang sollten Sie den Wert iterativer Vorgehensweisen bezüglich der Prognostizierbarkeit von Entwicklungsvorhaben kennen.
- LZ 1-7: Architektur- und Projektziele differenzieren (R1). Architekturziele gelten dabei eher langfristig, Projektziele eher kurzfristig.
- LZ 1-8: Explizite von impliziten Aussagen unterscheiden (R1), beispielsweise die Risiken impliziter Annahmen verstehen.
- LZ 1-10: Typen von softwareintensiven Systemen unterscheiden (R2).

Lernziele ohne Prüfungsrelevanz:

- LZ 1-9: Zuständigkeit von Softwarearchitekten in Unternehmensarchitektur einordnen (R3).

Links & Literatur

[1] Starke, Gernot: „Effektive Softwarearchitekturen – Ein praktischer Leitfaden“, Carl Hanser Verlag, 6. Auflage, 2014

[2] Hruschka, Peter; Starke, Gernot: „Softwarearchitekten – Die Zehnkämpfer der IT“, OBJEKTspektrum 04/2009, SIGS-Datacom Verlag. Online: *http://www.sigs.de/publications/os/2009/04/hruschka_starke_OS_04_09.pdf*

KAPITEL 3

Das kleine Einmaleins

Können Sie ohne Taschenrechner ausrechnen, wie viel drei Eier kosten, wenn der Preis für ein Dutzend bei 2,49 Euro liegt? Kennen Sie die Hauptstadt von Ungarn? Können Sie einen Knopf ordentlich annähen?

Vieles kann man heute bei Google nachschlagen. Allgemeinbildung ist scheinbar nur noch selten gefragt. Trotzdem helfen einige Grundkenntnisse und Fähigkeiten im realen Leben an vielen Stellen weiter.

Auch für Softwarearchitekten gibt es, unabhängig von einzelnen Technologien, einige Grundkenntnisse und Fähigkeiten, die Sie beherrschen sollten, mit anderen Worten: das kleine Einmaleins für Softwarearchitekten. Der iSAQB-Lehrplan (Kasten) schließt einige dieser Basiskenntnisse ein, die schon seit Jahren bekannt und noch immer gültig sind. Betrachten wir einige davon, die sich auf die wünschenswerten Eigenschaften von Bausteinen beziehen, also letztlich auf Quellcode

Blackboxen und das Geheimnisprinzip

Bausteine sollten auf ihrer jeweiligen Abstraktionsebene eine Blackbox bilden und dem EVA-Prinzip genügen: Eingabe → Verarbeitung (oder Verantwortung) → Ausgabe. Das Innenleben sollte gemäß dem Geheimnisprinzip verborgen bleiben. Wir sprechen den Baustein nur über seine Schnittstellen an. Sein Innenleben können wir dann bei Bedarf modifizieren oder effizienter gestalten, ohne andere Bausteine zu stören. Sollten Sie für einzelne Bausteine deren Aufbau und innere Struktur vorgeben wollen – was Sie als Softwarearchitekt häufig tun werden –, dann müssen Sie lediglich die Blackbox aufklappen und sie als Whitebox betrachten: Geben Sie die Einzelteile vor, deren Zusammenwirken die Aufgabe (Funktionalität, Verantwortung) der Blackbox erfüllt. Wichtig: Die Teilbausteine müssen wieder sauber gekapselte Blackboxen mit expliziten Schnittstellen und klar definierter Verantwortung sein.

Kopplung und Kohäsion – alt, aber immer noch wichtig

Jeder Baustein sollte an andere Bausteine einerseits lose gekoppelt sein, andererseits inhaltlich einen starken Zusammenhalt mit ihnen aufweisen: „loose Coupling" und „strong Cohesion" [1]. Klingt einfach – ist in der Realität aber schwieriger. In arc42 haben wir dafür das Blackbox-Template eingefügt. Darin fordern wir zuerst, die Verantwortung jedes Bausteins in einem einzigen prägnanten Satz zu formulieren. Das ist unser Weg, Sie an das „Single Responsibility Principle" zu erinnern. Wenn es Ihnen leicht fällt, diesen einen Satz zu formulieren, dann stimmt meist die Kohäsion. Benötigen Sie jedoch viele „und" und „oder", dann mag Ihr Baustein zu viel unterschiedliche Verantwortung tragen und die Forderung nach „Separation of Concern" verletzen. Entkopplung von Bausteinen können Sie in vielen Programmiersprachen über Schnittstellen, diverse der Gang-of-Four-Entwurfsmuster oder Dependency Injection erreichen. Sie bezahlen diese Entkopplung jedoch mit verringerter Testbarkeit. Die Clean-Code-Initiative [2] hat sich unter anderem die Einhaltung dieser zentralen Grundprinzipien zum Ziel gesetzt. Hinzu kommen noch viele weitere Vorschläge für einen „soliden“ Entwurf, genannt SOLID-Prinzipien. Die entstammen der – ziemlich dogmatischen – Feder von Robert C. Martin [3].

Bausteine dokumentieren

Wenn Sie sich für Blackbox-Bausteine entschieden und deren Abhängigkeiten festgelegt haben, sollten Sie Ihre Entwurfsentscheidungen auch (außerhalb des Quellcodes) dokumentieren. In der UML eignen sich dafür primär Komponenten- oder Paketdiagramme. Darin können Sie Bausteine beliebig schachteln; das Verfeinern von groben Blackboxes in Whiteboxes funktioniert damit problemlos. In jeder Whitebox beschreiben Sie durch geeignete Beziehungen (Benutzung, Komposition/Aggregation, Vererbung) die Abhängigkeiten der Bausteine voneinander.

Lehrplan und Realität

Der iSAQB-Lehrplan fordert das kleine Einmaleins des Softwareentwurfs. Das finden wir gut. In der Realität müssen Sie für erfolgreiche Entwürfe allerdings viel weiter gehen – zwischen Top-down- und Bottom-up-Vorgehen wechseln, verschiedene Perspektiven/Sichten einnehmen, die Domäne und gleichzeitig die Qualitätsanforderungen im Auge behalten. Daneben gilt es, die speziellen Fähigkeiten Ihrer Teams sowie die Eigenheiten bereits vorhandener Systeme angemessen zu berücksichtigen. Zu guter Letzt haben manche Projekte ja sogar Budget- und Zeitrestriktionen, die manchmal dem „gründlichen Nachdenken“ entgegenstehen. Die Realität setzt daher manchmal dem Wunschdenken des guten Entwurfs enge Grenzen. Bleiben Sie optimistisch!

Der iSAQB-Lehrplan

Bezüglich des Entwurfs von Bausteinen, Entwurfsprinzipien und -mustern gibt es im iSAQB-Lehrplan in Kapitel 2 folgende Lernziele:

Prüfungsrelevante Lernziele:

- LZ 2-6: Entwurfsprinzipien erläutern und anwenden (R1), insbesondere das Geheimnisprinzip (Information Hiding), Kopplung, Kohäsion, Trennung von Verantwortlichkeiten (Separation of Concern), das Offen-Geschlossen-Prinzip (Open-/Closed-Principle), die Umkehrung von Abhängigkeiten durch Schnittstellen, Dependency Injection zur Externalisierung von Abhängigkeiten sowie den Zusammenhang zwischen Abhängigkeiten im Modell und im Quellcode von Programmiersprachen.
- LZ 2-7: Abhängigkeiten und Kopplung von Bausteinen planen (R1). Dazu zählen das Verständnis und der gezielte Einsatz von Abhängigkeiten und Kopplung zwischen Bausteinen, die unterschiedlichen Arten der Kopplung (strukturell, zeitlich, über Datentypen oder Hardware etc.), die Einschätzung von Konsequenzen von Kopplung sowie Möglichkeiten zur Auflösung beziehungsweise Reduktion von Kopplung. Sie sollten die Umsetzung von Beziehungen in (objektorientierten) Programmiersprachen verstehen und etwa Factories und Dependency Injection gezielt einsetzen können.

Links & Literatur

[1] *http://en.wikipedia.org/wiki/Coupling* (computer_programming). Alternativ dazu der Klassiker zu Kopplung und Kohäsion: Page-Jones, Meilir: „The Practical Guide to Structured System Design", 2nd Edition, Yourdon Press, 1988. Alt, aber immer noch gültig.

[2] Clean Code Developer – die Initiative für mehr Professionalität in der Softwareentwicklung: *http://www.clean-code-developer.de/Roter-Grad.ashx*

[3] Martin, Robert C.: „Clean Code: A Handbook of Agile Software Craftsmanship", Prentice Hall, 2008

[4] Siehe Kapitel 5 dieses Buchs: „Die Kommunikatorin".

My Way

Wir sprechen im Folgenden eine Kernaufgabe Ihrer Arbeit an: den Entwurf von Softwarearchitekturen. Der iSAQB-e.V.-Lehrplan räumt dieser wichtigen Aktivität großen Raum ein – weshalb wir diesem Abschnitt des Lehrplans die folgenden beiden Kapitel dieses Buchs gewidmet haben.

Sicherlich kennen Sie Frank Sinatra, den berühmten Musiker, der zum Thema Individualität einen famosen Song geschrieben hat: I did it my way!

Lernen Sie bei uns auch den Frank Sinatra (FS) der Softwarearchitekten kennen – und lauschen Sie seinem Gespräch mit einem Nachwuchsarchitekten (NA):

FS: „Nach Abschluss der detaillierten Systemanalyse musst du das System Top-down in Subsysteme zerlegen und jedes Subsystem dann so lange verfeinern, bis die Komponenten mit all ihren Schnittstellen präzise beschrieben sind." (*holt Atem*)

FS: „Das wirfst du dann kurz der Qualitätssicherung hin, um es abgenickt zu bekommen. Dann kannst du dieses Design den Programmierern übergeben, die es in Sourcecode umsetzen. Die Details dazu findest du auf Seite 60 bis 283 in unserem firmenweit festgelegten Vorgehensmodell, und damit garantieren wir CMM-Level1-2-Konformität." (*holt erneut Atem*)

FS: „Während die Programmierer den Sourcecode erstellen, kannst du mit dem Rechenzentrum sprechen und denen die notwendigen Hardwareanschaffungen klarmachen."

NA: (*in schüchternem Tonfall*): „Wäre es nicht sinnvoller, das Gespräch mit den Betreibern im Rechenzentrum früher zu führen, bevor man die detaillierte Systemzerlegung vornimmt?"

FS: (*in aggressivem Tonfall*): „Nein, die kriegen das schon hin. Hardwareskalierung ist doch kein Problem."

Sie merken schon: Wir sind keine Freunde von komplexen „One Size fits all"-Prozessmodellen. Denn für die wichtigen Tätigkeiten, in denen Architekten Entwurfsentscheidungen treffen, gibt es viele Wege, die zum Ziel führen. Als guter Architekt kennen Sie mehrere davon und wählen Ihre Vorgehensweise anhand der Randbedingungen und Anforderungen aus. Betrachten Sie diese unterschiedlichen Ansätze oder Wege als Optionen, die Ihnen in jeder Entwurfssituation zur Verfügung stehen. Diese unterschiedlichen Wege sind auch Kerninhalt des iSAQB-Lehrplanabschnitts zum Thema „Entwicklung von Softwarearchitekturen". In Abbildung 1 haben wir wesentliche Vorgehensweisen zusammengefasst. Die eine, rot markierte, ist definitiv nicht das, was Sie heute noch machen sollten (falls Sie das jemals gemacht haben): „Big Design Up Front" (auch BDUF genannt). Das funktioniert nach unserer Meinung nicht sonderlich zuverlässig.

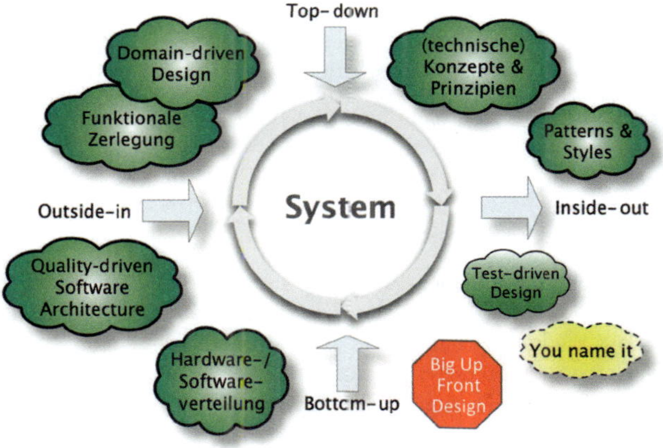

Abbildung 4.1: Verschiedene Vorgehensweisen beim Entwurf

Viele Wege führen nach Rom

- iterative Entwicklung hilft durch frühes Feedback, Risiken und Unsicherheiten in der Entwicklung frühzeitig zu identifizieren. Systematische und kurzfristige Rückmeldung zu geleisteter Arbeit sorgen für kontinuierliche Verbesserung. Iteratives Vorgehen sollte aus unserer Sicht eine Grundhaltung in der Softwareentwicklung sein.
- Der Bottom-up-Ansatz schafft notwendige Bausteine – und wenn es zu viele werden und die Übersichtlichkeit verloren zu gehen droht, abstrahiert man sie zu größeren Einheiten.

- Der Top-down-Ansatz startet oft mit der schon bekannten Hardwareaufteilung oder einer Aufteilung in große Pakete. Von dort aus tastet man sich Schritt für Schritt zu den Details vor.
- Domain-driven Design [2], [3] schlägt vor, sich anfangs vorrangig auf domänenspezifische Abstraktionen zu stürzen, insbesondere auf die fachlichen Entities und Services, die den Kern der Anwendung bilden. Danach werden Oberfläche und Infrastruktur ergänzt.
- Bei der funktionalen Zerlegung fassen Sie funktionale oder fachliche Bestandteile zu Systembestandteilen zusammen. Aus Funktionsgruppen oder -clustern entstehen dadurch Softwarebausteine hoher Kohäsion. Dieser Ansatz passt ausgezeichnet zum Domain-driven Design.
- Quality-driven Software Architecture [4] beginnt mit spezifischen Qualitätszielen und leitet daraus Entwurfsentscheidungen ab, die das Erreichen der Qualitätsziele fördern.
- Architektur- und Designmuster helfen Ihnen, von den (guten) Ideen Anderer zu profitieren.
- Test-driven Design [3], [5] überlegt noch vor dem Schaffen der Bausteine, wie man deren Leistung denn prüfen könnte. Sie implementieren zuerst die Testrahmen und danach die Bausteine, deren Korrektheit Sie jetzt gleich überprüfen können.
- Technische Konzepte definieren Lösungsansätze für querschnittliche Aufgabenstellungen, beispielsweise Persistenz, Benutzungsoberfläche, Transaktionsverhalten oder Clusterung. Sie bilden eine wichtige Grundlage für konzeptionelle Integrität: identische Problem- und Aufgabenstellungen sollten Sie innerhalb eines Systems auch mit möglichst identischen Lösungsansätzen bearbeiten.

- <You-name-it>: Natürlich haben viele Firmen ihr hausinternes Vorgehensmodell etabliert oder auch von publizierten Vorgehensmodellen adaptiert. Dann müssen Sie sich daran halten – und tunlichst dabei mitwirken, dass es im Lauf der Zeit immer praxistauglicher wird.

Der iSAQB-Lehrplan

Kapitel 2 des iSAQB-Lehrplans handelt von Entwicklung und Entwurf von Softwarearchitekturen. Es gibt folgende Lernziele vor:

Prüfungsrelevante Lernziele:

- LZ 2-1: Vorgehen und Heuristiken zur Architekturentwicklung auswählen und befolgen können (R1).
- LZ 2-2: Architekturen entwerfen (R1), insbesondere die möglichen Konsequenzen von Architekturentscheidungen erkennen, die Abbildung von Architektur auf Quellcode festlegen sowie den starken Einfluss nicht funktionaler Anforderungen berücksichtigen.
- LZ 2-3: Einflussfaktoren auf Softwarearchitektur erheben und einordnen können (R1), insbesondere von Randbedingungen, Qualitätsanforderungen sowie organisatorischer Strukturen.
- LZ 2-4: Übergreifende technische Konzepte auswählen und erarbeiten (R1), und die gegenseitigen Abhängigkeiten dieser Entscheidungen erkennen.
- LZ 2-5: Wichtige Architekturmuster und Architekturstile beschreiben, erklären und angemessen anwenden (R1–

R3), insbesondere datenzentrierte, hierarchische und heterogene Architekturstile sowie Stile für interaktive Systeme. Model View Controller, Pipes und Filter sowie Schichten sollten Sie als Architekturmuster mindestens kennen.

- LZ 2-7: Abhängigkeiten und Kopplung von Bausteinen planen (R1), insbesondere die unterschiedlichen Arten der Kopplung sowie Möglichkeiten und Entwurfsmuster zu deren Reduktion kennen.
- LZ 2-8: Bausteine/Strukturelemente von Softwarearchitekturen entwerfen (R1), insbesondere deren wünschenswerte Eigenschaften (Kapselung, Information-Hiding). Eine kleine Dosis UML zur Notation von Bausteinen und deren Zusammensetzung könnte hier helfen.
- LZ 2-9: Schnittstellen entwerfen und festlegen (R1), auch dokumentieren.
- LZ 2-10: Architekturrelevante Entwurfsmuster verstehen und anwenden (R2), beispielsweise Adapter, Wrapper, Facade, Registry, Broker. Literaturhinweise dazu finden Sie ausgiebig in Kapitel 8 (Der Ignorant) dieses Buchs.

Links & Literatur

[1] Starke, Gernot: „Effektive Software-Architekturen – Ein praktischer Leitfaden“, Carl Hanser Verlag, 6. Auflage, 2014

[2] Evans, Eric: „Domain-Driven Design“, Addison-Wesley, 2004

[3] Nilsson, Jimmy: „Applying Domain Driven Design“, Addison Wesley, 2006

[4] Ursprünglich in Hofmeister, Christine: „Applied Software Architecture“, Addison Wesley, 2000. Darin heißt die Idee „Global Analysis“ – wir halten das für eine großartige Idee mit einer schlechten Bezeichnung. Zurzeit arbeiten wir unter: *http://www.qdsa.org* an diesem Thema.

[5] Beck, Kent: „Test-Driven Development by Example“, Addison Wesley, 2003

KAPITEL 5

Die Kommunikatorin

Eine wichtige Aufgabe auf Ihrem Weg zum produktiven Architekten ist ein solides Verständnis, wie Sie Architekturen und Architekturentscheidungen sinnvoll vermitteln – sowohl mündlich als auch schriftlich. Der iSAQB-e.V.-Lehrplan widmet dieser Aufgabe ein eigenes Kapitel namens „Beschreibung und Kommunikation“.

© istockphoto.com/jamtoons

First talk, then write

Die Überschrift, erst reden dann schreiben, ist ein Erfolgsmuster, zitiert aus [1]. Als geschickte Architektin treffen Sie Ihre Entscheidungen nicht alleine im Elfenbeinturm. Sie stellen sich mit Ihren sachkundigen Entwicklern ans Whiteboard, Stift in einer Hand, Schwamm in der anderen, und diskutieren Optionen und Alternativen durch. Wenn Sie dann zu einem zufriedenstellenden Ergebnis gekommen sind, ist es an der Zeit, dieses schriftlich festzuhalten. In erster Näherung reicht es oft auch, es abzufotografieren und an der richtigen Stelle in Ihr Dokument zu hängen.

Dokumentieren ist schriftliches Kommunizieren

Nur Tafel oder Pinnwand reichen für viele Projekte nicht aus. Sie brauchen eine Dokumentation Ihrer Softwarearchitektur auch für Kollegen, die bei der Diskussion am Whiteboard nicht dabei waren, und vor allem auch für diejenigen, die sich Jahre nach Ihnen zwecks Pflege und Weiterentwicklung mit der Software auseinandersetzen müssen. Dokumentation sollte für Leser optimiert sein, nicht für den Ersteller. Denken Sie immer daran, wie vielen Personen Sie Reengineering von Quellcode ersparen, wenn Sie gerade wieder über den Aufwand der Dokumentation fluchen.

Schmerzfreie Dokumentation

Ein paar Stilregeln helfen, die Dokumentation schmerzfrei(er) zu überstehen:

- Wir fordern Sie explizit dazu auf, strukturiert faul zu sein. Schreiben Sie nicht den ganzen Quellcode in UML ab, sondern zeichnen und erläutern Sie die Struktur im Großen. Lieber weniger, dafür aber akkurat und korrekt. Sie wissen schon: Wenn Sie zweimal in der Dokumentation etwas finden, was nicht mit dem Code übereinstimmt, dann schlagen Sie diese kein drittes Mal auf.

- Auf jeden Fall: redundanzfrei! DRY – Don't repeat yourself – heißt das Merkwort. Es ist selten schmerzfrei, wenn Sie ein und dieselbe Schnittstelle an drei Stellen beschrieben haben. Wir garantieren Ihnen, dass Sie bei einer Änderung nicht mehr alle Stellen finden und ausbessern.

- Lieber standardisierte (UML-)Diagramme als persönlich erfundene Grafiksymbole. Die meisten Tools erlauben Ihnen heute die Nutzung von Farbe, Schatten, Hervorhebungen und Annotationen. Damit werden Ihre Diagramme auch managementtauglich. Zu den heute so häufig anzutreffenden Kraftpunktarchitekturen (engl: Powerpoint Architectures) hat der Untersuchungsausschuss der NASA nach dem Shuttle-Unglück Folgendes festgehalten [2]: „The Board views the endemic use of PowerPoint briefing slides instead of technical papers as an illustration of the problematic methods of technical communication at NASA." Leider sind selbst erfundene Symbole ohne erläuternde Legende nicht nur ein Problem der Praxis, sondern auch in vielen Büchern über Architektur als abschreckende Beispiele enthalten – obwohl sie lange nach Einführung des UML-Standards verfasst wurden.

- Und die beste Stilregel zum Schluss: Ihre Architekturdokumentation muss nicht vor der Implementierung fertig sein. Aber auch nicht erst nach Abnahme des Systems. Idealerweise erstellen Sie Dokumentation projektbegleitend. Das sichert Gültigkeit und Korrektheit erstellter Dokumente und erspart zusätzlichen Aufwand.

Arten von Dokumenten

Als Kommunikatorin sollten Sie sich überlegen, welche Art von Dokumentation Sie gemäß den obigen Stilregeln schaffen können:

- ein Referenzdokument, z. B. nach der Kapitelgliederung von arc42. Das ist Ihr Repository zum Festhalten aller architekturrelevanten Entscheidungen.
- Falls Sie das Referenzdokument nicht schaffen, dann wenigstens einen 40- bis 50-seitigen „Architecture Guide". Das ist eine Kurzfassung mit den wesentlichen Kapiteln des Referenzdokuments und meist noch weniger Tiefgang, wohl aber den wichtigen Überblicksdiagrammen über Bausteinsicht, Verteilungssicht und Laufzeitsicht und kurzen Erläuterungen.
- eine Architekturpräsentation. Dafür reichen normalerweise zehn bis zwanzig Folien. Mit diesen sollten Sie jederzeit in 30 bis 60 Minuten Ihre Architektur vorstellen, erläutern und verteidigen können. Im Wesentlichen sind das die Kernbilder aus der Architekturdokumentation (hoffentlich kopiert und nicht neu abgezeichnet) mit den Erläuterungen auf der Tonspur. Gute Tipps für die inhaltliche Gestaltung und den dramaturgischen Aufbau finden Sie in [3] bis [6]. Schmökern Sie in diesen Quellen in Ihrer Freizeit, denn Ihr Job als Kommunikatorin ist mindestens so wichtig wie als technische Entscheiderin.
- Falls Sie doch – wie viele – die Dokumentation mit Word und Visio in Form von vielen Dateien erstellen, dann hilft ein „Read-me"-Dokument, das erläutert, welches Dokument welchen Inhalt hat und wie diese Dokumente zusammenhängen.

Feste Gliederungen

Feste Gliederungen erleichtern Ihnen als Architektin das Erstellen von Dokumentation – und Ihren LeserInnen das Verständnis. Betrachten Sie als Beispiel ein typisches Fachbuch einer beliebigen Disziplin: Wir erwarten ein Inhaltsverzeichnis zu Beginn und ein Stichwortverzeichnis am Ende. Beides sind feste Struktur(vereinbarung)en – die uns als Leser dieses Fachbuchs das Leben etwas erleichtern. Wir schlagen arc42 [7] vor.

Stakeholdergerecht kommunizieren

Nicht jeder im Projekt muss alles wissen und hören. Als geschickte Kommunikatorin versorgen Sie jeden mit der notwendigen Information. Dabei hilft es, wenn Ihre Dokumentation möglichst automatisch für unterschiedliche Personen in geeigneter Form aufbereitet werden kann. Sie wollen ja manuell möglichst keine Redundanz pflegen. Mit Word und Co. ist das recht schwierig. Leichter schon mit Repository-basierten Modellierungstools, aus denen Sie maßgeschneiderte Dokumente erzeugen können – allerdings um den Preis komplexer Bedienung und UML-Lastigkeit. Wikis bieten einen prima Kompromiss: Sie bekommen damit Versionierung und Mehrbenutzerfähigkeit geschenkt und können benötigte Diagramme *relativ* leicht integrieren. Wählen Sie für die Dokumentation ein Medium, das Ihnen möglichst große Flexibilität in der Gestaltung des Outputs bei möglichst geringem manuellem Aufwand gibt. Alles, was Sie redundant erstellen müssen, wird zwangsläufig veralten und an Wert verlieren.

Fazit

Nichts zu dokumentieren halten wir für fahrlässig. Kommunizieren und Dokumentieren gehören zu den wesentlichen Tätigkeiten (und Verantwortungen) von Softwarearchitekten. Für die Langlebigkeit, Änderbarkeit und Verständlichkeit von Software müssen Sie eine angemessene Menge an Dokumentation erstellen – deren Wert möglicherweise erst in der Zukunft sichtbar wird. Bleiben Sie pragmatisch und sparsam und betrachten Sie Dokumentation als eine Versicherung gegen zukünftige Probleme.

Der iSAQB-Lehrplan

Das Kapitel 3 des iSAQB-Lehrplans handelt von Beschreibung und Kommunikation von Softwarearchitekturen. Es gibt folgende Lernziele vor:

Prüfungsrelevante Lernziele:

- LZ 3-1: Qualitätsmerkmale technischer Dokumentation erläutern und berücksichtigen (R1), insbesondere Verständlichkeit, Korrektheit, Angemessenheit und Wartbarkeit.
- LZ 3-2: Softwarearchitekturen stakeholdergerecht beschreiben und kommunizieren (R1), Beachtung unterschiedlicher Autoren und Leserkreise.
- LZ 3-3: Notations-/Modellierungsmittel für Beschreibung von Softwarearchitektur erläutern und anwenden (R2), Kenntnisse der Standard-UML-Diagramme für die Bausteinsicht (Klassen-, Komponenten- und Paketdiagramme), für die Laufzeitsicht (Sequenzdiagramme ...) und die Verteilungssicht (Deployment-Diagramme).
- LZ 3-4: Architektursichten erläutern und anwenden (R1), insbesondere die Baustein- oder Komponentensicht, die Laufzeitsicht und die Verteilungssicht.

- LZ 3-5: Kontextabgrenzung von Systemen erläutern und anwenden (R1), Unterscheidung von fachlichem und technischem Kontext.
- LZ 3-6: Querschnittliche und technische Architekturkonzepte erläutern und anwenden (R1), Behandlung von übergreifenden Konzepten (Prinzipien, Architekturaspekten) wie Persistenz, Ablaufsteuerung, GUI etc.
- LZ 3-7: Schnittstellen beschreiben (R1) mit besonderem Augenmerk auf externe Schnittstellen.
- LZ 3-8: Architekturentscheidungen erläutern und dokumentieren (R2).
- LZ 3-9: Dokumentation als schriftliche Kommunikation nutzen (R2), ausgerichtet auf die Fähigkeiten und Ziele der Leser.

Lernziele ohne Prüfungsrelevanz

- LZ 3-10: Weitere Hilfsmittel und Werkzeuge zur Dokumentation kennen (R3), Grundlagen von publizierten Frameworks wie arc42, TOGAF, ISO/IEEE-42010 (vormals 1471), Checklisten für die Erstellung, Dokumentation und Prüfung sowie mögliche Werkzeuge zur Erstellung und Pflege von Architekturdokumentation.

Links & Literatur

[1] Ein Erfolgsmuster aus: DeMarco, Tom et al.: „Adrenalin-Junkies und Formular-Zombies“, Carl Hanser Verlag, 2007

[2] Columbia Accident Investigation Board, Final Report S. 191, *http://caib.nasa.gov/news/report/pdf/vol1/chapters/chapter7.pdf*

[3] Reynolds, Garr: „Presentation Zen: Simple Ideas on Presentation Design and Delivery" (2nd Edition), New Riders, 2011. Oder sein Blog: *http://www.presentationzen.com/*

[4] Reynolds, Garr: „The Naked Presenter – Delivering Powerful Presentations With of Without Slides", New Riders, 2011

[5] Duarte, Nancy: „Slide:ology: The Art and Science of Creating Great Presentations", O'Reilly, 2008

[6] Duarte, Nancy: „Resonate: Present Visual Stories that Transform Audiences", John Wiley, 2010

[7] *http://www.arc42.de* oder *http://www.arc42.org* oder *http://confluence.arc42.org*

KAPITEL 6

Qualität

Im Lehrplan des iSAQB e.V. besitzt Qualität einen hohen Stellenwert – der Lehrplan widmet ihr ein eigenes Kapitel. Grund genug, Ihnen das Thema näher zu bringen.

©istockphoto.com/CGinspiration

„Hauptsache, es läuft."

In manchen Projekten beschränken sich die Abnahmekriterien auf rein funktionale Eigenschaften. Sicherlich gibt es Fälle, in denen die reine *Funktion* von Software den Kunden, Auftraggebern und Anwendern bereits genügt. Wir vermuten jedoch, dass in vielen Fällen zusätzliche Anforderungen an die Systeme bestehen. Qualität ist mehr als nur Funktion! Merkmale wie Sicherheit, Robustheit, Zuverlässigkeit, Bedienbarkeit oder Effizienz setzen

Kunden oder Auftraggeber oft als selbstverständlich voraus, ohne sie ausdrücklich zu fordern oder gar zu spezifizieren. Daraus leiten (schlechte) Projektleiter, Softwarearchitekten oder Entwickler dann die (schlechte) These ab: „Hauptsache, es läuft".

Von X-heiten und Y-keiten

Um Sie auf den Einfallsreichtum typischer Stakeholder *jenseits der Funktionalität* vorzubereiten, möchten wir Ihnen einige weitere Qualitätsanforderungen aufzählen. Sie werden zwei Dinge feststellen: Erstens gibt es viele davon, zweitens enden die meisten auf *heiten oder *keiten (im Englischen *ilities).

```
<nur-ueberfliegen>

Absturzsicherheit, Administrierbarkeit,
Angemessenheit, Anpassbarkeit, Antwortzeit,
Auditierbarkeit, Ausfallsicherheit, Austauschbarkeit,
Bedienbarkeit, Benutzbarkeit, Betreibbarkeit,
Datensicherheit, Durchsatz, Effizienz, Erlernbarkeit,
Erweiterbarkeit, Fehlertoleranz, Flexibilität,
Genauigkeit, Installierbarkeit, Integrität,
Interoperabilität, Kompatibilität, Konfigurierbarkeit,
Konsistenz, Korrektheit, Lokalisierbarkeit,
Modifizierbarkeit, Nichtabstreitbarkeit,
Nichtangreifbarkeit, Normgerechtigkeit,
Ordnungsmäßigkeit, Personalisierbarkeit,
Prüfbarkeit, Reaktionszeit, Reife, Richtigkeit,
Robustheit, Sicherheit, Skalierbarkeit, Start-up-
Zeit, Testbarkeit, Überprüfbarkeit, Verfügbarkeit,
Verständlichkeit, Wartbarkeit, Wiederherstellbarkeit,
Zugriffsschutz, Zuverlässigkeit

</nur-ueberfliegen>
```

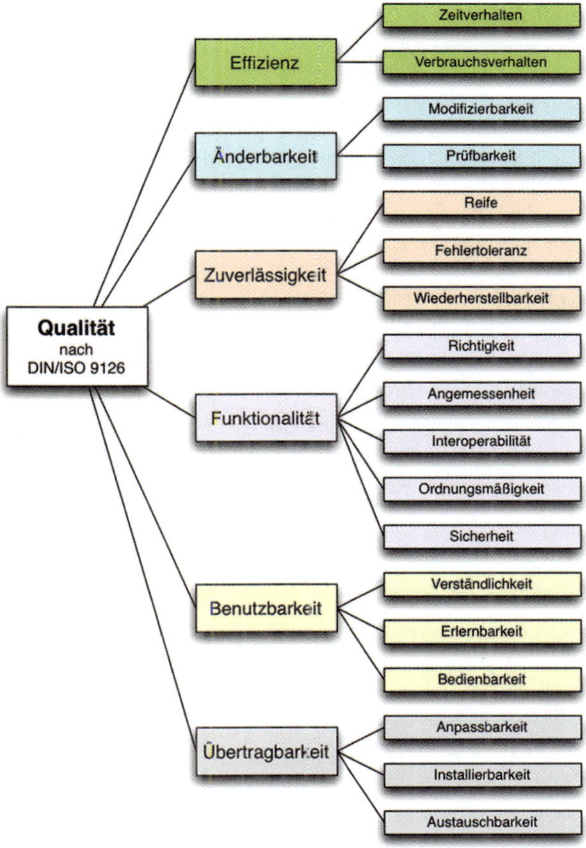

Abbildung 6.1: Teil des Qualitätsbaums von ISO 9126

Qualität hat viele Gesichter

Von vielen Qualitätsmodellen für Software hat sich insbesondere DIN/ISO 9126 (inzwischen ersetzt durch SQUARE, DIN ISO/IEC 250xx) in der Praxis durchgesetzt. Es unterteilt die Qualität von Software in sechs große Bereiche, die jeweils durch so genannte Teilmerkmale noch weiter differenziert werden. Das zentrale Konzept lautet also *schrittweise Verfeinerung*: ein großes Problem (hier: die Definition der Qualität eines Softwareprodukts) in viele kleine Probleme (hier: Teilmerkmale) zu zerlegen, die einzeln leichter lösbar sind. Der Standard gibt prägnante Definitionen dieser Begriffe vor, sodass auch Nicht-ITler damit leicht arbeiten können. Wikipedia hilft weiter [1].

Qualität ist Geschmackssache

Endbenutzer haben meist andere Wünsche als Manager, und Betreiber oder Administratoren fordern wiederum ganz andere Dinge. Nun bietet das ISO-9126-Modell schon eine gute Grundlage, diese vielfältigen und teilweise widersprüchlichen Ziele zu erfassen. Organisationen oder Menschen verwenden allerdings für ihre spezifischen Qualitätsanforderungen auch eigene Bezeichnungen, die von der ISO-Norm oft abweichen:

- Viele bevorzugen den Begriff *Performance* gegenüber der (standardkonformen) Effizienz. Darunter fallen oftmals Verfeinerungen wie Durchsatz, Daten- oder Transaktionsvolumen, Maskenwechselzeit oder Durchlauf- und Startzeiten.
- Die (ISO-)Übertragbarkeit heißt in der Praxis meistens *Portabilität* – und bezieht sich ganz konkret auf die Möglichkeit, das betreffende System unter verschiedenen Betriebssystemen oder Hardwareumgebungen verwenden zu können.

- *Kosten* als Qualitätsmerkmal sind insbesondere für Managementstakeholder oftmals von zentraler Bedeutung – wichtiger als Benutzbarkeit oder Übertragbarkeit.
- Das (ISO-)Submerkmal *Sicherheit* gilt bei Informationssystemen vieler Branchen als eine Top-Level-Qualitätsanforderung, die ihrerseits wieder in Zugriffsschutz, Unverfälschbarkeit, Nichtangreifbarkeit und/oder Nichtabstreitbarkeit verfeinert wird.

Qualitätsanforderungen konkretisieren

Diese hierarchische Verfeinerung Ihrer Qualitätsanforderungen können Sie über textuelle Erklärungen (so genannte Szenarien) deutlich präzisieren: Szenarien beschreiben, was beim Eintreffen eines Ereignisses auf ein System in bestimmten Situationen geschieht. Sie charakterisieren das Zusammenspiel von Stakeholdern mit dem System (nach [2]).

Wir möchten Ihnen solche Szenarien zur Konkretisierung von Qualitätsanforderungen anhand einiger Beispiele[1] verdeutlichen.

- Die Antwort auf eine Angebotsanfrage muss Endbenutzern im Regelbetrieb in weniger als 5 Sekunden dargestellt werden. Im Betrieb unter Hochlast (Jahresendgeschäft) darf eine Antwort bis zu 15 Sekunden dauern, in diesem Fall ist vorher ein entsprechender Hinweis darzustellen.
- Ein Benutzer ohne Vorkenntnisse muss bei der erstmaligen Verwendung des Systems innerhalb von 15 Minuten in der Lage sein, die gewünschte Funktionalität zu lokalisieren und zu verwenden.

1 Zahlreiche Beispiele von Szenarien für Qualitätsanforderungen finden Sie unter *https://bitbucket.org/arc42/quality-requirements.*

- Der Report über alle Saleszahlen eines Tages muss an der grafischen Benutzeroberfläche innerhalb von maximal 2 Sekunden angezeigt werden. Falls mehr als 200 parallele Benutzer online arbeiten, darf diese Zeit auf 5 Sekunden steigen.
- Die Programmierung neuer Versicherungstarife muss in weniger als dreißig Personentagen möglich sein.
- Die Unterstützung einer neuen Browser- oder Client-JDK-Version muss in weniger als dreißig Personentagen programmiert und getestet werden können.

Unter [5] finden Sie eine Vielzahl solcher Szenarien, die Sie direkt in der Praxis einsetzen können.

Wir empfehlen, zuerst diese Qualitätsanforderungen durch Szenarien explizit zu machen. Unserer Erfahrung nach hapert es in der Praxis meistens an den *nicht funktionalen* Anforderungen. Die wichtigsten Abläufe (Use Cases, Funktionen, User Stories) des Systems bekommen Sie in der Regel in brauchbarer Form vorgegeben.

Architekturbewertung als Daueraufgabe

Die *Qualitätsanforderungen* bilden nur eine Seite der Medaille: Sie müssen diese Anforderungen auch durch konstruktive Maßnahmen erreichen! Ob diese die gewünschten Effekte auf die Qualität Ihrer Systeme zeigen, müssen Sie kontinuierlich überprüfen. Wir haben qualitative Bewertungsmethoden, insbesondere ATAM (Architecture Tradeoff Analysis Method [2], [4]) dafür kennen- und schätzen gelernt. Sie sollten von Zeit zu Zeit gemeinsam mit dem Entwicklungsteam solche Qualitätsreviews durchführen.

Qualität schon beim Entwurf beachten

Wir betrachten explizite, konkrete Qualitätsanforderungen als wichtige Grundlage effektiver Systementwicklung und -architektur. Falls Sie diese „Hausaufgaben" in Ihrer Entwicklung frühzeitig angehen und regelmäßig durch Feedback verbessern, können Sie den Qualitätsbaum auch als mächtiges Hilfsmittel beim Entwurf einsetzen:

1. Ordnen Sie Ihre spezifischen Qualitätsszenarien nach Prioritäten, am besten nach Wichtigkeit für Ihre maßgeblichen Stakeholder.
2. Sammeln Sie im Team für die wichtigsten Szenarien Vorschläge, wie Sie dieses Szenario erreichen können. Dazu gehören konkrete technische oder organisatorische Maßnahmen oder Strategien.
3. Damit erreichen Sie eine sehr feingranulare Gegenüberstellung von spezifischen Qualitätszielen als Szenarien mit den genau dazu passenden Lösungsvorschlägen.

Wir bevorzugen für diesen Ansatz eine tabellarische Darstellung, ein Beispiel mit hypothetischen Qualitätsanforderungen finden Sie in Tabelle 6.1, mehr Details online unter [6].

Prio	Szenario	Lösungsmaßnahmen
1	Performance: Daily-Sales-Report im GUI in < 2 s abrufbar	▪ Relevante Saleszahlen in Cache vorhalten ▪ DB-Indizierung relevanter Tabellen ▪ Pre-Loading relevanter Saleszahlen
2	Flexibilität: Neues Attribut im Kerndomänenmodell in <2 PT umsetzbar und im GUI sichtbar.	▪ Einsatz von Grails/Rails als DDD-Framework ▪ Generierung des GUI aus dem Domänenmodell („Scaffolding") ▪ Einfügen von Reservefeldern in GUI, Domäne und Datenbank

Tabelle 6.1: Quality-driven Software Architecture

Fazit

Erklären Sie Qualität im Team zum obersten Ziel (sofern noch nicht geschehen)! Definieren Sie zuerst mit Unterstützung der maßgeblichen Stakeholder möglichst spezifische Qualitätsziele auf Basis eines spezifischen Qualitätsbaums und davon abgeleiteter Szenarien. Entwickeln Sie anschließend für alle Szenarien konkrete Maßnahmen, die diese Qualitätsanforderungen erfüllen helfen. Meist werden Sie mehrere Maßnahmen benötigen, um ein einzelnes Qualitätsmerkmal zu erreichen. Achten Sie darauf, welche Qualitätsmerkmale sich gegenseitig negativ beeinflussen.

Es gibt keinen Algorithmus zum Entwurf von Software. An einige erprobte, methodische Ansätze haben wir Sie in diesem Kapitel erinnert. Kaum einer davon funktioniert immer, aber die Ansätze können sich gegenseitig wunderbar ergänzen. Wir sind Fans des Domain-driven Designs – ergänzen es aber mit einem besonderen Augenmerk auf die notwendigen Qualitätsziele.

Der iSAQB-Lehrplan

Kapitel 4 des iSAQB-Lehrplans handelt einerseits von Maßnahmen zur Erreichung bestimmter Qualitätsmerkmale in Softwaresystemen, andererseits vom methodischen Vorgehen zur qualitativen Bewertung von Softwarearchitekturen. Es gibt folgende Lernziele vor:

Prüfungsrelevante Lernziele:

- LZ 4-1: Qualitätsmodelle und Qualitätsmerkmale diskutieren (R1), angelehnt an DIN/ISO 25010, vormals 9126, Wechselwirkungen zwischen Qualitätsmerkmalen erläutern, wie z. B. Flexibilität versus Robustheit.
- LZ 4-2: Qualitätsanforderungen an Softwarearchitekturen formulieren (R1), z. B. in Form eines Qualitätsbaums mit Szenarien.
- LZ 4-3: Softwarearchitekturen qualitativ bewerten (R2), insbesondere die Vorgehensweise von ATAM (Architecture Tradeoff Analysis Method) und die dafür benötigten Informationsquellen kennen.
- LZ 4-4: Softwarearchitekturen quantitativ bewerten (R2), Quellcodemetriken wie zyklomatische Komplexität, ein- und ausgehende Abhängigkeiten kennen, Fehlercluster identifizieren ...
- LZ 4-5: Qualitätsziele mit passenden Ansätzen und Techniken erreichen (R2) und Taktiken und Praktiken zur Erreichung wichtiger Qualitätsziele wie Effizienz, Wartbarkeit, Flexibilität kennen.

Links & Literatur

[1] Wikipedia zu ISO 9126 (abgerufen Dezember 2011): *http://de.wikipedia.org/wiki/ISO/IEC_9126*. Kurzfassungen der Begriffsdefinitionen.

[2] Clements, Paul et. al: „Evaluating Software Architectures", Addison-Wesley, 2001. Stellt ATAM als Bewertungsmethode vor.

[3] Hofmeister, Christine et al.: „Applied Software Architecture: A Practical Guide for Software Designers", Addison-Wesley, 1999. Unter dem Stichwort „global analysis" stellen die Autoren die Erfüllung von Qualitätsanforderungen in den Vordergrund.

[4] Starke, Gernot: „Effektive Software-Architekturen – Ein praktischer Leitfaden", Carl Hanser Verlag, 6. Auflage, 2014

[5] arc42-Beispiele für Qualitätsanforderungen: *https://bitbucket.org/arc42/quality-requirements*, mehr als fünfzig direkt einsetzbare Qualitätsanforderungen, in docx- oder html-Format.

[6] Starke, Gernot: „Quality-driven Software Architecture: Mit Fokus auf Qualität bessere Software schaffen", Absatz: „Funktion allein genügt nicht": *http://jaxenter.de/artikel/Quality-driven-Software-Architecture* (ursprünglich erschienen in Business Technology 1.2012)

KAPITEL 7

Reise durch Toolistan

Architekten kommen nicht nur mit Papier und Bleistift aus. Deshalb gehört das Thema „Werkzeuge" ausdrücklich zum Lehrplan des iSAQB e.V.

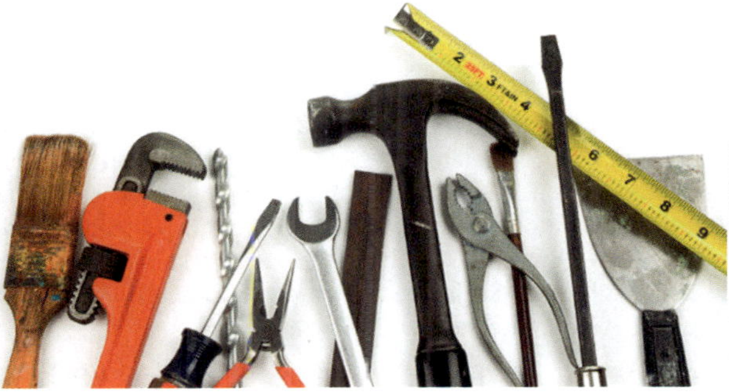

©istockphoto.com/TRITOOTH

Chronischer Optimismus

Im fernen Lande Toolistan leben chronisch optimistische Menschen. Sie glauben fest daran, dass mit einem neuen Werkzeug das nächste Projekt schon sauber laufen wird. Sie vertrauen den farbenprächtigen Broschüren der Hersteller. Denn wer solch teure Werkzeuge (und prächtige Werbematerialien) produziert, der wird sich wohl gut auskennen. Allerdings leiden diese Toolistaner unter einer fast krankhaften Vergesslichkeit: Fast einhellig vergessen sie die Strapazen und Probleme aktueller Projekte sofort wieder – vielleicht eine gute Voraussetzung für ihren Optimismus.

Andere Bewohner Toolistans besitzen schon seit Menschengedenken einfache Hämmer. Sie laufen durchs Land und lösen mit diesem einen Werkzeug vielerlei Probleme: Sie hämmern damit Schrauben in Holzplatten, schlagen Unkraut aus Wiesen aus und können sich auch noch gegen böse Angreifer zur Wehr setzen. Sie behaupten, die meisten Probleme dieser Welt sähen ähnlich aus wie Nägel.

The Fool with the Tool

Sie kennen den Spruch eines unbekannten Dichters: „A Fool with a Tool is still a Fool“. Die Bewohner Toolistans mögen besser dran sein als ihre armen Nachbarn, die Fische immer noch mit der Hand fangen. Allerdings zeichnen sich wahre Experten aller Branchen durch sach- und fachgerechten Einsatz passender Werkzeuge sowie durch Berücksichtigung bereits bekannter Probleme aus. Das gilt genauso für die Softwareentwicklung im Allgemeinen und Softwarearchitektur im Speziellen.

Wir haben in Bezug auf Werkzeuge als Softwarearchitekten wieder einmal die Frage der Angemessenheit zu klären: Welche Werkzeuge passen zu den Anforderungen, zum Team, zur Organisation? Welche Werkzeuge machen uns schneller, welche würden uns eher hindern? Wie können wir durch Einsatz von Werkzeugen die Qualität des Systems verbessern? Passt das Verhältnis von Kosten zu Nutzen?

Solche Entscheidungen können Sie nur treffen, wenn Sie eine ganze Reihe möglicher Werkzeuge aus eigener Erfahrung kennen und deren Einsatz und Auswirkung in realen Projektsituationen erlebt haben.

WAR STORY

(GS): Ich habe unter (vorschneller) Werkzeugauswahl lange Zeit „gelitten": Das Management eines meiner Kunden hatte beim (angeblichen) Marktführer das (angeblich) beste (und teuerste) UML-Modellierungswerkzeug für das gesamte Unternehmen lizenziert. Damit stand die Nutzung dieses Werkzeugs für jedes Projekt a priori fest – Alternativen ausgeschlossen. Aufgrund des hohen Preises musste wirklich jedes Projekt das Werkzeug fortan einsetzen – ob angemessen oder nicht. Leider zeigte das Werkzeug im Praxiseinsatz gravierende Schwächen, unter deren die Projekte ab jetzt zu leiden hatten. Etliche Projekte wären ohne dieses Werkzeug schneller am Ziel gewesen. Das obere Management war vom kollektiven Leiden natürlich ausgenommen, weil es nichts modellierte. Mehr als einmal habe ich für Managementpräsentationen sogar den Output des seltsamen Tools durch „Neuzeichnen" ersetzen müssen.

Kategorien von Werkzeugen

Nachfolgend zeigen wir Ihnen, welche Kategorien von Werkzeugen wir für wesentlich halten. Sie finden jeweils einige unvollständige Beispiele für Entscheidungskriterien.

Modellierungswerkzeuge	Unterstützung bei Entwurf und Kommunikation von Softwarearchitekturen, beispielsweise mit UML oder SysML. Gegebenenfalls Ausgangspunkt für Codegenerierung. Beispiele für Entscheidungskriterien: Mehrbenutzerfähigkeit, Modellvalidierung, Unterstützung von Code- und Reportgeneratoren, Export/Import von Modellen mit anderen Werkzeugen, Unterstützung von Reverse-Engineering.
Werkzeuge zur statischen Codeanalyse	Bewertung von Quellcode bezüglich Qualitätseigenschaften (etwa: strukturelle Komplexität). Analyse, ob der Quellcode den Vorgaben der Architektur hinsichtlich statischer Struktur und Abhängigkeiten entspricht. Beispiele für Entscheidungskriterien: Automatisierbarkeit, Aufbereitung und Visualisierung der Ergebnisse, Flexibilität hinsichtlich der Analysekriterien und Metriken.
Werkzeuge zur dynamischen Analyse (Profiler, Simulatoren)	Untersuchung bestehender Softwaresysteme bezüglich Laufzeiteigenschaften, Performance, Ressourcenbedarf. Beispiele für Entscheidungskriterien: Keine Verfälschung der Messergebnisse durch das Werkzeug, Aufbereitung und Visualisierung der Ergebnisse, Beschränkung auf einzelne Systemteile, Messung in verteilten, heterogenen Umgebungen

Generierungswerkzeuge	Vorgabe und Erzeugung von Rahmen oder Gerüsten für die Implementierung, Übereinstimmung von Architektur- und Implementierungsmodellen sicherstellen, automatisierte Erzeugung von Artefakten niedriger Abstraktionsebene aus textuellen oder grafischen Modellen. Beispiele für Entscheidungskriterien: Konfigurierbarkeit der Codegenerierung, Vorgabe von Metamodellen und Generierungsschablonen, Unabhängigkeit von der Zielplattform, Trennung zwischen generiertem und manuell erstelltem Code.
Werkzeuge zum Anforderungsmanagement	Unterstützung bei der Analyse, Darstellung sowie Management von Anforderungen. Beispiele für Entscheidungskriterien: Mehrbenutzerfähigkeit, Austauschbarkeit der Daten mit anderen Werkzeugen im Entwicklungsprozess, Traceability zwischen Anforderungen, Architektur und Code.
Dokumentationswerkzeuge	Beschreibung und Kommunikation aller Aspekte der Architektur. Beispiele für Entscheidungskriterien: Mehrbenutzerfähigkeit, Versionierbarkeit der Dokumente, automatisierte Generierung aktueller Dokumentation aus Architekturmodellen, zielgruppengerechte Wahl von Detaillierungsgrad und Umfang, Unterstützung von verteilten Reviews.

Build-Werkzeuge	Unterstützung von Kompilierung, Paketierung, Deployment und Test, Überprüfung auf Einhaltung struktureller Vorgaben, Auslösung und Durchführung von Unit- und ggfs. Integrationstests Beispiele für Entscheidungskriterien: Anpassbarkeit, Konfigurierbarkeit des Builds, Integrierbarkeit unterschiedlicher Technologien, Unterstützung von Staging-Konzepten, Erweiterbarkeit, Auswert- und Verteilbarkeit der Ergebnisse. Einige weitere Informationen bietet Martin Fowler in [1].
Werkzeuge für Konfigurations- und Versionsmanagement	Versionierung sämtlicher Ergebnisse von Architektur und Entwicklung, Erstellung von Versionen, Revisionen und Konfigurationen, explizite Zuordnung einzelner Elemente zu einer Konfiguration, Rekonstruktion beliebiger Konfigurationen. Versionsmanagementwerkzeuge sind wie Sicherheitsgurt, Airbag und Rückspiegel beim Autofahren: ohne ist fahrlässig! Beispiele für Entscheidungskriterien: Stabilität und Robustheit, Integration mit anderen Werkzeugen (Build-Management, Issue-/Bugtracker, Anforderungs- und Dokumentationswerkzeug etc.), Verfügbarkeit von Clients für unterschiedliche Betriebssysteme, Einsatz in heterogenen Umgebungen, Unverfälschbarkeit der eingecheckten Artefakte, Sicherheit.
Programmiersprachen, Entwicklungsumgebung, Compiler, Debugger	Sollte wie selbstverständlich zum soliden Fundament von Softwarearchitekten gehören. Uns gefällt [2] sehr gut als Überblick.

Werkzeuge und Frameworks zum Unit-, Integrations- und Lasttest	Dank den großartigen xUnit-Frameworks (von Kent Beck und Erich Gamma) hat die Erstellung ausführbarer Testfälle in vielen Projekten Einzug gehalten. Wir halten diese Art von Tests für ein leistungsfähiges Entwurfswerkzeug – weil es Ihnen frühzeitig Feedback über Ihre Software gibt.
Technische Frameworks für Infrastrukturaufgaben, wie Persistenz, Transaktionen, Logging, Sicherheit etc.	Hilft Ihnen bei der Festlegung technischer Konzepte, bei der Entscheidung für Technologien oder Technologiestacks. Wichtige Basis für Wiederverwendung und Risikominderung, weil Sie nicht alles im Team selbst entwickeln müssen (siehe auch „Der Ignorant“, Kap. 8). Leider haben wir nur für Datenbanken einen Lesetipp: [3].

Methodische Werkzeuge

Neben den offensichtlichen Softwaretools gibt es noch die Klasse der rein methodischen Werkzeuge: Dabei wenden Sie auf eine Situation ein bestimmtes Vorgehen an. Zu dieser Klasse *Werkzeuge* zählen wir beispielsweise:

- *Entwurfsmethoden*, wie etwa Top-down- oder Bottom-up-Entwurf, Domain-driven Design, Test-driven Development, funktionale Zerlegung, Trennung von fachlichen und technischen Aspekten, Architektur- und Entwurfsmuster [4], [5], [6] , [7] und [8].
- *Modellierungsmethoden*, etwa UML, SysML, ER-Modellierung oder auch textuelle Ansätze wie Xtext [9].

- *Bewertungsmethoden*, sowohl qualitative (z. B. ATAM, [10]) als auch quantitative Ansätze zur Bewertung und Diagnose von Architekturen und Quellcode.

HINWEIS

Falls Sie eine Werkzeugauswahl im Auftrag Ihrer Kunden treffen müssen, so erstellen Sie zuerst einen Kriterienkatalog mit Gewichtungen. Danach suchen Sie eine repräsentative Auswahl verschiedener Werkzeuge dieser Kategorie und bewerten diese gemäß Ihrer spezifischen Kriterien.
Nehmen Sie in diesen Katalog in jedem Fall folgende organisatorischen Kriterien auf:

- Vorkenntnisse des Teams
- Einarbeitungs- oder Schulungsaufwand
- Lizenzkosten und -bedingungen
- Reputation des Werkzeugherstellers
- Supportmöglichkeiten
- Öffentlich verfügbare Informationen, Bücher oder sonstige Quellen zum Werkzeug
- Referenzprojekte

Der iSAQB-Lehrplan

Das Kapitel 5 des iSAQB-Lehrplans behandelt Werkzeuge und Werkzeugunterstützung für Softwarearchitekten. Dabei bleibt der Lehrplan völlig (!) hersteller- und produktneutral, d. h. Sie müssen keine Leistungsmerkmale, Funktionen oder gar Bedienung konkreter Werkzeuge vorweisen, um eine iSAQB-Prüfung zu absolvieren.

Das Werkzeugkapitel gibt folgende Lernziele vor:

Prüfungsrelevante Lernziele:

- LZ 5-1: Wichtige Werkzeugkategorien benennen und einordnen (R1). Diese Kategorien finden Sie in der Tabelle weiter vorne in diesem Kapitel.
- LZ 5-2: Werkzeuge bedarfsgerecht auswählen (R2), insbesondere die hohe Bandbreite der möglichen Auswahlkriterien kennen.

Fazit

Der sachgerechte, angemessene Einsatz von Werkzeugen bildet ein Fundament unserer Arbeit und sollte daher *selbstverständlich* für professionelle Softwarearchitekten und -entwickler sein.

Aber: Vorsicht vor Kanonen und Spatzen! Viel Werkzeug für wenig System ist übertrieben – achten Sie diesbezüglich auch auf Rückmeldungen des Teams.

HINWEIS

Sie sollten Vertreter aller genannten Werkzeugkategorien persönlich kennen. Idealerweise verfügen Sie über Auswahl- und Vergleichskriterien dieser Werkzeuge, sodass Sie für Ihre Projekte schnell eine angemessene Werkzeugauswahl treffen (oder zumindest vorschlagen) können.

Links & Literatur

Wer sich mit Werkzeugen beschäftigt, wird über kurz oder lang auf die Website *http://dreckstool.de* stoßen. Dort finden Sie unzensierte und möglicherweise ungerechte Meinungsäußerungen – wir haben Sie gewarnt!

[1] Fowler, Martin: „Continuous Integration“, *http://martinfowler.com/articles/continuousIntegration.html*

[2] Tate, Bruce: „Seven Languages in Seven Weeks – A Pragmatic Guide to Learning Programming Languages“, Pragmatic Programmers, 2010

[3] Redmond, Eric; Wilson, Jim: „Seven Databases in Seven Weeks“, Pragmatic Programmers, 2012

[4] Gamma, Erich et al.: „Design Patterns – Elements of Reusable Software“, Addison-Wesley 1995. Der Klassiker, ausführlich und ziemlich zeitlos.

[5] Fowler, Martin: „Patterns of Enterprise Application Architecture“, Addison-Wesley, 2002. Für Praktiker hervorragend.

[6] Eilebrecht, Karl; Starke, Gernot: „Patterns kompakt“, Spektrum Akademischer Verlag, 2. Auflage 2009. Eine kompakte Einführung.

[7] Martin, Robert: „Clean Code: A Handbook of Agile Software Craftmanship“, Prentice Hall, 2008

[8] POSA: „Pattern Oriented Software Architecture“, Buchreihe vom Wiley-Verlag mit mittlerweile fünf Bänden, u. a. Distributed Systems, Resource Management, Security sowie allgemeinen Architekturmustern.

[9] *http://www.eclipse.org/Xtext/*

[10] *http://www.sei.cmu.edu/architecture/tools/evaluate/atam.cfm*

KAPITEL 8

Der Ignorant

Der Mensch hat dreierlei Wege, klug zu handeln:
Durch Nachdenken ist der edelste, durch Nachahmen der einfachste, durch Erfahrung der bitterste.

Konfuzius

Entwickler: Ich finde, wir sollten das etablierte Framework <IhrLieblings-DB-framework> zum Datenbankzugriff nutzen ...

© istockphoto.com/PeskyMonkey

Ignorant: Quatsch – das bauen wir lieber selbst.

Entwickler: Und für das Web-Frontend könnten wir <RobustesMVC-Framework> verwenden, das ist ja sehr stabil ...

Ignorant: Unfug – so altes Zeug. Wir brauchen <CoolesFeatureX>, das kann das ja nicht.

Entwickler: Sollen wir wirklich MVC oder MVP als Bibliothek selbst implementieren?

Ignorant: Patterns, immer Patterns. Wir brauchen mehr Innovation, wir müssen uns positiv differenzieren. Wir sind keine Nachahmer!

Mit etwas Glück sind Ihnen persönlich solche Phrasen erspart geblieben. Ignoranten vermeiden Wiederverwendung und können vermeintlich alles. Sie machen Fehler lieber selbst, als aus den Fehlern anderer zu lernen.

WAR STORY

Ignoranz in Perfektion: Die NIH GmbH

Eines meiner frustrierendsten Projekterlebnisse drehte sich um eine kleine Softwarefirma, deren Chefs in den neunziger Jahren eine spannende Geschäftsidee im Bereich Standardsoftware für Einzelhandel hatten. Laut Meinung von Investoren, Banken und IT-Experten eine echte Marktlücke mit hohem Ertragspotenzial.

Die Firma, nennen wir sie exemplarisch „NIH GmbH", bekam über eine Million Euro Venture-Kapital und stellte rund ein Dutzend Softwareentwickler ein. Fast zwei Jahre lang entwickelte NIH „vor sich hin" – dann war das Geld aufgebraucht, das Produkt leider noch nicht fertig. Ich (Gernot) durfte im Auftrag eines Insolvenzverwalters die vorhandenen Sourcen auf ihre Verwertbarkeit und ihren Verkaufswert hin untersuchen. Sie raten richtig, dass es keine nennenswerte Dokumentation auf konzeptionellem Niveau bei NIH gab.

Mein Entsetzen wuchs jedoch erst dann in ungekannte Sphären, als ich folgende Dinge vorfand:

- Ein selbstgeschriebenes O/R-Mapping-Framework, das zwar sehr performant funktionierte, jedoch keinerlei Fehler- und Ausnahmebehandlung enthielt. Die damals marktüblichen Alternativen waren mit der Begründung „für uns nicht gut genug" abgelehnt worden.

WAR STORY

- Fragmente eines eigenen UI-Frameworks. Java Swing hätte, so die Argumentation von NIH, „uncool ausgesehen".
- Ein selbstgeschriebenes Framework zur Bearbeitung von Domänenobjekten im (unfertigen) UI-Framework. Klassische Muster wie Data Transfer Objects hatten die Entwickler nicht verwendet.
- Nur Konzepte, keinen Quellcode der eigentlichen Geschäftsidee (Warenwirtschaft und Lagerhaltung für Einzelhändler).
- Keine lauffähigen Demos, keine funktionsfähigen Prototypen. Nichts Vorzeigbares. Die lapidare Ausrede der NIH-Verantwortlichen: „Dafür hatten wir keine Zeit, weil wir erst unsere Frameworks fertigstellen mussten".

OK – die NIH GmbH ist damit sicherlich ein Opfer katastrophalen Managements geworden – aber die technischen Ignoranten haben ihr Scherflein zum Scheitern beigetragen. Statt Vorbilder und Beispiele zu nutzen, schlug das Not-invented-here-Syndrom in seiner schlimmsten Ausprägung zu Ich brauche nicht mehr zu erwähnen, dass sich für keinen Teil dieses Quellcodes ein Käufer fand ...

Schule bestraft Abschreiben

Woher stammt die Ignoranz? Eine Ursache liegt in unserer jahrelangen Prägung durch die Schulen: Als Kinder haben unsere Lehrer uns beigebracht, unsere Aufgaben selbst zu bearbeiten.

Auf keinen Fall durften wir von den Nachbarn abschreiben – Wiederverwendung wurde bestraft – insbesondere in kritischen (Prüfungs-)Situationen.

Sicherlich müssen wir grundlegende Fähigkeiten selbst erlernen und üben, oftmals auch Dinge in Eigenleistung erbringen[1]. Aber diese Mentalität übertragen Ignoranten leicht auf ihr Berufsleben. Dabei können wir Softwarearchitekten eine Menge von guten Vorbildern systematisch abschreiben (siehe [1], [2], [3], [4]), was wir als eine mögliche Vorgehensweise in Kapitel 4 (My Way) schon empfohlen haben.

Moderne Schulen fördern in Haus- und Seminararbeiten übrigens die Wiederverwendung: Nutzen und Aufarbeiten von Literatur- und Internetquellen erzieht Kinder zum kritischen Umgang mit „Abschreiben“: Sie lernen und üben, Quellen und Beispiele hinsichtlich ihrer Relevanz und ihres Nutzens einzuschätzen.

Als Softwarearchitekt sollten sie, ganz entgegengesetzt zum Ignoranten, möglichst viel von anderen lernen, andere Ansätze analysieren und bewerten, andere Konzepte verstehen.

Von anderen lernen

In der Softwarearchitektur können Sie aus vielerlei Quellen lernen:

- Nachbarprojekte: Ihre Kollegen und Kolleginnen sammeln in den Projekten nebenan eine Menge Erfahrungen – über Produkte, Technologien, die Domäne, Strukturen, Konzepte und Prozesse. Fragen Sie in anderen Projekten aktiv nach – tauschen Sie Wissen und Erfahrungen aus.

1 Beispielsweise Doktorarbeiten – siehe das Negativbeispiel von Herrn Nicht-mehr-Doktor Guttenberg.

- Architektur- und Entwurfsmuster: Viele Bücher der Informatikfachliteratur beschäftigten sich in den letzten Jahren mit Mustern: angefangen bei codenahen Entwurfsmustern [1] und Idiomen über allgemeine Architekturmuster [2], [3] bis hin zu spezialisierten Musterfamilien zu Security, verteilten Systemen, Resource-Management, Enterprise Information Systems [4] – für fast jede Art von Systemen hält die Pattern-Community [5] erprobte Ideen und Ansätze bereit.
- Beispiel- und Referenzarchitekturen: Hier wird es besonders interessant, leider auch besonders schwierig: Softwarearchitekturen gelten innerhalb von Unternehmen meist als vertraulich oder geheim – dürfen daher selten veröffentlicht werden. Open-Source-Systeme wären eine Alternative – deren Architekturbeschreibung ist leider meistens grottenschlecht (wie ein Blick in [6] schnell bestätigt).
- Selber Systeme entwerfen und deren Umsetzung begleiten (beispielsweise Open Source). Leider dauert das sehr lange[2], ist aber der garantiert nachhaltigste (Leidens-)Weg für angehende Softwarearchitekten.
- Beteiligen Sie sich an User Groups (beispielsweise den Java User Groups oder Ähnlichen), um technische Vorbilder kennenzulernen.

Der iSAQB-Lehrplan schlägt eine Reihe einfacher Muster vor, die Sie als Ausgangsbasis verwenden könnten (siehe unten) – das genügt in der Praxis allerdings selten.

---

2 Committer der Apache Software Foundation haben uns erzählt, dass sie zwischen sechs und achtzehn Monaten hinweg fünf bis zehn Wochenstunden investiert haben, bevor sie den Committer-Status verliehen bekamen – und damit auch architektonisch an ihren jeweiligen Projekten arbeiten konnten.

HINWEIS

- Suchen Sie intensiv nach Beispielen für Softwarearchitekturen – in Ihrer Organisation, im Kreis von Kollegen, auf Fachveranstaltungen oder im Internet. Auch abschreckende Beispiele helfen!
- Stellen Sie sich mit Ihrem Team periodisch gegenseitig Beispiele von Architekturen vor – und diskutieren Sie gemeinsam, was Sie aus den Beispielen lernen können.
- Kaufen Sie [6] – das hilft Ihrer Architekturbildung zwar nur ein wenig, aber es unterstützt mit Amnesty International einen guten Zweck!

Der iSAQB-Lehrplan

Der iSAQB-Lehrplan lässt in puncto Beispiele großen Freiraum: Ein bis zwei Beispiele konkreter Architekturen müssen in Kursen besprochen werden – Art und Umfang bleiben frei.

Lernziele ohne Prüfungsrelevanz

- LZ 6-1: Bezug von Anforderungen zu Lösung erfassen (R3), mindestens an einem Beispiel demonstriert.
- LZ 6-2: Technische Umsetzung einer Lösung nachvollziehen (R3), aufgezeigt anhand der Lösungsstrategie, der Konzepte, eingesetzter Produkte, und der Implementierung eines Systems.

Umgehen mit Ignoranten

Sollten Sie in Ihrem Projekt Ignoranten antreffen, die unbedingt alle Fehler selbst erleiden wollen – dann sollten Sie diese Tatsache schnellstens als gravierendes Risiko melden und eskalieren.

Verwandte Muster

- Allein im stillen Kämmerlein, ohne anregende Diskussion mit der Außenwelt, kommen Elfenbeinturmbewohner auf seltsame Ideen, von denen „lieber selbst bauen" nur eine ist.
- Heroische Programmierer schreiben schon mal eine Funktion neu, weil sie es (vermeintlich) besser können als der ursprüngliche Autor. Auf solche Codehelden lauert das Not invented here-Syndrom – hier müssen Sie Angemessenheit walten lassen und möglicherweise entgegen den Wünschen der Codehelden entscheiden, um der Ignoranzfalle zu entgehen.

Links & Literatur

[1] Gamma, Erich et al. (Gang-of-Four): „Design-Patterns – Elements of Reusable Software", Addison-Wesley, 1995. Der Klassiker zu Entwurfsmustern. Einige davon zeitlos, andere durch moderne Programmiersprachen und Bibliotheken bereits konkret umgesetzt und daher nicht mehr ganz so wichtig.

[2] Buschmann, Frank et al.: „Pattern-Oriented Software Architecture (Vol. 4) – Patterns for Distributed Computing", Wiley, 2007. Sehr gut abstrahierter Überblick über zehn Jahre Architekturmuster mit Verweisen auf die Spezialliteratur.

[3] Buschmann, Frank et al.: „Pattern-Oriented Software Architecture (Vol. 1) – A System of Patterns", Wiley, 1996. Die klassischen Architekturmuster.

[4] Fowler, Martin: „Patterns of Enterprise Application Architecture", Addison-Wesley, 2002. Muster für praktizierende Architekten von Informationssystemen.

[5] Hillside – die Heimat der Pattern-Gemeinde: Sie finden dort einen umfangreichen Pattern-Katalog und Berichte der einschlägigen Pattern-Konferenzen. Online: *http://www.hillside.net/patterns/*

[6] Brown, Amy; Wilson, Greg (Hrsg.): „The Architecture of Open Source Applications", Lulu, 2011. Eine großartige Idee, leider schlecht umgesetzt: Viel zu grober Überblick, völlig inhomogen dargestellt, kaum Begründungen. Sie können wahrscheinlich fast nichts daraus lernen. Dafür werden sehr interessante Systeme beschrieben (u. a. Erlang/OTP, die Bourne-Shell, Eclipse und mehr als zwanzig weitere).

KAPITEL 9

Die CPSA-F-Prüfung

Anmerkung: Einige Details der CPSA-F-Prüfung sowie der Prüfungsfragen sind streng vertraulich. Insbesondere dürfen wir natürlich an dieser Stelle keine der Originalfragen verraten. Ebenso vertraulich behandelt der iSAQB den genauen Aufbau der Prüfungsbögen und die Auswahl der Prüfungsfragen.

Prüfungsgegenstand

Die CPSA-F-Prüfung bezieht sich inhaltlich primär auf diejenigen Bereiche des Lehrplans, die das notwendige „Können" von Softwarearchitekten definieren. Weitere mögliche Prüfungsinhalte stammen aus den Abschnitten „Wissen". Der dritte Teil des Lehrplans, „Kennen", ist nicht Bestandteil von CPSA-F-Prüfungen.

Prüfungsmodalität Multiple Choice

Um die strikte organisatorische und personelle Trennung zwischen Ausbildung (Training, Kurse) einerseits und Prüfung andererseits sicherzustellen, hat der iSAQB die CPSA-F-Prüfung als Multiple Choice ausgelegt.

Dadurch können auch unabhängige Zertifizierungsstellen (ohne vertiefte Kompetenz in Softwarearchitektur) solche Prüfungen abnehmen und die Ergebnisse auswerten.

Der iSAQB hat eine Menge von Prüfungsfragen erstellt und ausführlich qualitätsgesichert. Jede Prüfungsfrage bezieht sich eindeutig auf ein Kapitel im Lehrplan. Die Anzahl bzw. Punkte der Prüfungsfragen in einer Prüfung korrespondieren mit der im Lehrplan vorgegebenen zeitlichen Gewichtung des jeweiligen Kapitels in Kursen. Die unterschiedlichen Typen von Multiple-Choice-Prüfungsfragen behandeln wir weiter unten.

Anmeldung zur Prüfung

Falls Sie einen der lizenzierten öffentlichen iSAQB-Kurse besuchen, wird der Veranstalter die Anmeldung für Sie gerne übernehmen.

Sollten Sie sich im Selbststudium auf die Prüfung vorbereiten, so wenden Sie sich an eine der akkreditierten Prüfungsorganisationen. Aktuell (Stand Februar 2014) sind das (alphabetisch):

- Future Network Cert führt Prüfungen international durch. Details zu Terminen und Anmeldemöglichkeiten finden Sie unter *http://www.future-network-cert.at/*.
- iSQI GmbH führt Prüfungen international durch. Details zu Terminen und Anmeldemöglichkeiten finden Sie unter *https://www.isqi.org/de/anmeldung.html*.

Die Prüfung kostet ca. 250 Euro (Stand: Februar 2014), die Gebühr wird von den Prüfungsorganisationen (nicht dem iSAQB e.V.) in der Regel erst nach der Prüfung in Rechnung gestellt.

Prüfungstermine

CPSA-F-Prüfungen finden in der Regel unmittelbar im Anschluss an öffentliche Kurse in den jeweiligen Kursräumen statt. Die Termine finden Sie auf der iSAQB-Website – auch ohne Kursteilnahme dürfen Sie dort an Prüfungen teilnehmen. Sie müssen sich allerdings selbst bei der jeweiligen Prüfungsfirma anmelden, die der betreffende Schulungsveranstalter für diesen Termin ausgewählt hat.

Die Prüfungsorganisationen bieten auch öffentliche Termine unabhängig von Schulungsterminen an, mehr Informationen dazu auf deren Websites.

Durchführung der Prüfung

Vor der eigentlichen Prüfung müssen Sie sich gegenüber dem Prüfer persönlich durch einen amtlichen Lichtbildausweis (Personalausweis, Reisepass, Führerschein oder vergleichbare Dokumente) ausweisen.

Während der Prüfung dürfen Sie keinerlei Unterlagen oder elektronische Hilfsmittel benutzen.

Sie erhalten während der Prüfung einen ausgedruckten Prüfungsbogen mit circa 45 Fragen sowie einer ausführlichen Erläuterung zu den konkret vorkommenden Fragetypen.

Zur Bearbeitung dieses Prüfungsbogens haben Sie 75 Minuten Zeit. Wenn Sie die Prüfung nicht in Ihrer Muttersprache ablegen, können Sie 15 Minuten Verlängerung beantragen (dazu einfach vor Beginn der Prüfung dem jeweiligen Prüfer Bescheid sagen).

Bewertung der Prüfung

Für jede Prüfungsfrage gibt es eine festgelegte Punktzahl, die neben der Frage vermerkt steht. Beantworten Sie die Frage vollständig korrekt, erhalten Sie dafür die volle Punktzahl. Bei Fragen mit mehreren Antwortmöglichkeiten (Mehrfachauswahlfragen oder Klärungsfragen) erhalten Sie Punkte anteilig pro Antwortmöglichkeit. Falsche Antworten geben Punktabzug. Kreuzen Sie mehr Antworten an als in der Aufgabenstellung genannt, gibt es null Punkte für die Frage.

Zum Bestehen der Prüfung müssen Sie 60 Prozent der möglichen Punkte erreichen (wobei der iSAQB e.V. diese Schwelle mittelfristig anheben wird).

Die Prüfungsorganisation bewertet Ihre Prüfungsbögen in der Regel innerhalb weniger Werktage und teilt Ihnen das Ergebnis schriftlich und per E-Mail mit. Sie erhalten dann das offizielle Prüfungszertifikat des iSAQB e.V.

Arten von Prüfungsfragen

Anmerkung: Hier trifft uns, wie oben bereits erwähnt, die Vertraulichkeit der iSAQB-Prüfungsfragen und -bögen, d. h. wir dürfen Ihnen hier keine spezifischen Details der Prüfungsfragen verraten. Allerdings sind wir sicher, dass Ihnen die folgenden Beispiele für die CPSA-F-Prüfung weiterhelfen werden.

In Multiple-Choice-Prüfungen generell begegnen Ihnen mehrere unterschiedliche Arten von Fragen (Erklärungen nachfolgend zitiert nach [1]):

1. Positive Einfachauswahl (A wie „Auswahl“): Auf eine Frage oder unvollständige Aussage folgen mehrere vorgegebene Antworten oder Ergänzungen, aus welchen die einzig richtige

oder die beste auszuwählen ist. Die Distraktoren müssen nicht völlig falsch sein, die richtige Antwort hebt sich eindeutig positiv ab.

2. Zuordnungsfragen: Hier werden zuerst mehrere Wahlantworten vorgegeben. Es folgen mehrere (meist zwischen zwei und fünf) Fragen oder Aussagen. Jeder davon muss die einzig richtige oder die beste der Wahlantworten zugeordnet werden, wobei eine Antwort mehr als einmal die richtige sein kann. Hier handelt es sich um eine Serie von Fragen des Typs A mit den jeweils gleichen Wahlantworten.
3. Mehrfachauswahl (P wie „Pick"-Fragen) sind ähnlich den Auswahlfragen aufgebaut, jedoch ist für die Lösung eine vorgegebene Anzahl (zwei oder mehr) „bester" Antworten auszuwählen.
4. Klärungsfragen (K wie „Klärung"): Auf eine Frage oder unvollständige Aussage folgen vier Antworten oder Ergänzungen. Für jede muss entschieden werden, ob sie richtig/falsch bzw. zutreffend/nicht zutreffend ist.

Bei allen Fragenarten sind sämtliche Antworten beziehungsweise Antwortmöglichkeiten vorgegeben. Sie können nur aus diesen Antworten auswählen. Freitext, Ergänzungen oder Zeichnungen sind nicht notwendig.

(Fachfremde) Beispiele von Prüfungsfragen

Die Beispiele stammen aus [1] – leider stellt der iSAQB e.V. aktuell (Stand: Februar 2014) keine Beispielfragen aus dem Kontext „Softwarearchitektur" zur Verfügung.

Auswahlfrage:

Sie möchten freien Platz auf der Festplatte Ihres Computers schaffen. Beim Durchsuchen der Verzeichnisse achten Sie besonders auf die Erweiterung des Dateinamens. Kandidaten zum Löschen sind am ehesten Dateien mit der Endung:

a) .DLL

b) .BAT oder .SH

c) .TMP

d) .SYS

e) .INI

Lösung: c

Zuordnungsfrage:

1. Ordnen Sie zu, welches oder welche der genannten Kommunikationsprotokolle im Internet zur Übermittlung von E-Mails eingesetzt werden:

	Für E-Mail genutzt		Nicht für E-Mail genutzt
FTP			
HTTP			
NNTP			
SMTP			
Telnet			
IMAP			

Lösung „Für E-Mail genutzt“: SMTP, IMAP, Lösung „Nicht für E-Mail genutzt“: FTP, HTTP, NNTP, Telnet

2. Ordnen Sie zu, welche der genannten Kommunikationsprotokolle im Internet für die Administration von Rechnern (primär: Remote-Servern) verwendet werden:

	Für Administration		Nicht für Administration
S/MIME			
HTTP(s)			
snmp			
rsh			
telnet			
IMAP			

Lösung „Für Administration“: rsh, telnet, Lösung „Nicht für Administration“: S/MIME, HTTP(s), snmp, IMAP

Mehrfachauswahlfrage:

Welche der drei (3) nachfolgenden Zutaten sind am ehesten typisch für die Zubereitung einer Gemüsesuppe?

a) Kartoffel

b) Möhren/Karotten

c) Schokolade

d) Lauch

e) Zimt

Lösung: a, b, d

Klärungsfrage:

Sie erstellen eine Präsentation zum Thema Ihres aktuellen Projekts für ein größeres, gemischtes Publikum. Welche zwei Maßnahmen sind zur Steigerung der Verständlichkeit der Präsentation hilfreich und welche nicht, a, b, c oder d?

a) Ausschließlich Fachjargon und Fremdwörter verwenden

b) Sachverhalte an konkreten Beispielen illustrieren

c) Ausführlich auf technische Details eingehen

d) Humoristische Einlagen einflechten

Lösung: b, d

Links & Literatur

[1] Krebs, René: „Anleitung zur Herstellung von MC-Fragen und MC-Prüfungen", Medizinische Fakultät der Universität Bern, Institut für Aus-, Weiter- und Fortbildung (IAWF). Online: *http://zadder.com/mybank/pds/deutsch_files/MC_Anleitung.pdf*

KAPITEL 10

Vorbereitung auf die CPSA-F-Prüfung

Studieren lehrt uns Regeln, das Leben die Ausnahmen.

Peter Niemann

Vorbereitung durch Selbststudium

Nach dem Duden bedeutet „Selbststudium" die Wissensaneignung ohne Unterricht, allein durch Bücher oder andere Lehrmaterialien.

Die CPSA-F-Prüfung setzt fundierte IT-Erfahrung sowie die im Lehrplan ausdrücklich formulierten Kenntnisse voraus. Diese können Sie sich im Selbststudium vollständig aneignen.

Ihnen entgeht dabei die spannende, interessante und produktive Interaktion mit anderen Softwarearchitekten – bei der Sie für Ihre praktische Tätigkeit meistens mehr lernen, als in Büchern steht. Wie in unserem Eingangszitat bereits so schön ausgedrückt: Im realen Leben gibt es immer wieder Ausnahmen, die nicht in den Büchern stehen (können).

Dennoch – einige Bücher enthalten alles, was Sie für CPSA-F können und wissen müssen – insbesondere [1] und [2] (momentan nur auf Deutsch). Das englische [3] ist zur alleinigen Vorbereitung nicht ausreichend, weil es nicht mit den Inhalten des Lehrplans korrespondiert.

Vorbereitung durch Kurse oder Training

Eine Reihe iSAQB-e.V.-lizenzierter (früher: akkreditierter) Veranstalter bietet drei- bis fünftägige Kurse oder Trainings zu Softwarearchitektur an. Das sind Präsenzveranstaltungen, die eine optimale Vorbereitung garantieren – und in der Regel auch noch eine Menge praktischer Fähigkeiten darüber hinaus vermitteln.

Unter anderem ermöglicht die Präsenzveranstaltung, Ihr vorhandenes Wissen zu ordnen und eventuell neu zu strukturieren – der intensive Austausch in einer Gruppe und mit einem (oder gar mehreren) Trainern fördert das.

Bitte verzeihen Sie uns folgenden kurzen Werbeblock:

Wir (die Autoren) bieten in unterschiedlichen Konstellationen (gemeinsam, alleine oder zusammen mit anderen Partnern) selbst Kurse, Workshops und Trainings an (Termine siehe *www.arc42.de*). Als Gründungsmitglieder des iSAQB sowie langjährige Praktiker der IT-Branche kennen wir die Bedürfnisse realer Projekte **und** diejenigen der CPSA-F-Prüfung. In unseren Trainings besitzt die Prüfungsvorbereitung hohen Stellenwert – allerdings stellen wir konkrete Ratschläge und Methoden für Ihre praktische Tätigkeit als Softwarearchitekt in den Vordergrund.

Links & Literatur

[1] Starke, Gernot: „Effektive Software-Architekturen – Ein praktischer Leitfaden", Carl Hanser Verlag, 6. Auflage, 2014. Enthält eine Menge Praxiswissen, pragmatische Tipps für das tägliche Softwareleben und dazu sämtliches Wissen für

die CPSA-F-Vorbereitung. Zur Prüfungsvorbereitung ideal geeignet.

[2] Gharbi, M.; Koschel, A.; Rausch, A.; Starke, G.: „Basiswissen für Software-Architekten: Aus- und Weiterbildung zum Certified Professional for Software Architecture Foundation Level nach iSAQB-Standard“, 2. Auflage, dpunkt.verlag, 2014. Da haben sich vier aktive Mitglieder des iSAQB zusammengefunden, um ein Lehrbuch zu schreiben (ich, GS, war einer davon). Es vermittelt den Lehrplan. Zur Prüfungsvorbereitung im Selbststudium geeignet.

[3] Bass, Len et al.: „Software Architecture in Practice“, Addison-Wesley, 2. Auflage 2003. Ein sehr umfassendes Werk zum Thema – das jedoch völlig losgelöst vom Prüfungsstoff des iSAQB ist. Für die Vorbereitung zur Prüfung nicht geeignet.

KAPITEL 11

Ausblick: Advanced-Level

Foundation-Level geschafft, was nun?

Der iSAQB e.V. bietet im Anschluss an den Foundation-Level einen modularen, auf spezifische Bedürfnisse flexibel anpassbaren Ausbildungsweg an.

Als Teilnehmer benötigen Sie so genannte Credit Points aus verschiedenen Ausbildungsmodulen und Kompetenzbereichen. Sammeln Sie!

Entgegen dem Foundation-Level müssen die Advanced-Architekten ihre Fähigkeiten und Kenntnisse im Rahmen einer umfangreichen Hausarbeit nachweisen: Dabei gilt es, auf Basis vorgegebener Anforderungen, ein IT-System zu entwerfen und in einer mündlichen Prüfung gegenüber Experten zu verteidigen. Der iSAQB schätzt für diese Aufgabe einen Zeitaufwand Ihrerseits von ca. 40 bis 50 h.

Drei tragende Säulen

Das CPSA-A-Programm des iSAQB definiert Lehrpläne in den folgenden drei Kompetenzbereichen:

- Methodische Kompetenzen: systematisches Vorgehen bei Architekturaufgaben, unabhängig von Technologien

- Technische Kompetenzen: Kenntnis und Anwendung von Technologien zur Lösung von Entwurfsaufgaben
- Kommunikative Kompetenzen: Fähigkeiten zur produktiven Zusammenarbeit mit unterschiedlichen Stakeholdern, Kommunikation, Präsentation, Argumentation, Moderation

Um die Zulassung zur Advanced-Level-Zertifizierung zu erreichen, müssen Sie eine Weiterbildung (Credit Points) in jeder dieser drei Säulen nachweisen (sowie einschlägige Berufserfahrung und die erfolgreiche CPSA-F-Prüfung).

Schulungsanbieter können bestehende CPSA-A-Lehrpläne lizenzieren bzw. auch neue Module in dieses Programm integrieren. Dadurch haben Sie am freien Markt viele Möglichkeiten, die für Sie und Ihre konkreten Aufgaben passenden CPSA-A-Module zu belegen, Tendenz steigend. Die Website zum Advanced-Level [1] gibt Auskunft über aktuell verfügbare lizenzierte Module und Trainings.

Punktekonto: Credit Points

Durch den Besuch lizensierter CPSA-A-Schulungen oder durch Erwerb einschlägiger Zertifizierungen mit starker Architekturrelevanz erhalten Sie so genannte Credit Points (CPs).

Als Daumenregel gilt: Zehn Credit Points entsprechen einem Tag eines vom iSAQB lizenzierten CPSA-A-Schulungsmoduls.

Für die Zulassung zur CPSA-A-Zertifizierung benötigen Sie nach der aktuellen Prüfungsordnung (Stand: Februar 2014) 70 CPs.

Im Bereich der kommunikativen Fähigkeiten (Soft Skills) können Sie sich sogar die Teilnahme an früher besuchten Nicht-CPSA-A-Schulungen auf Antrag anrechnen lassen[1].

Advanced-Zertifizierung (1): Hausarbeit

Zum Abschluss der Advanced-Zertifizierung müssen Sie selbstständig eine Architekturaufgabe bearbeiten. Sie wählen den Bereich der Aufgaben aus (zum Beispiel: Embedded Systems, Websysteme, Informationssysteme). Der iSAQB wählt zufällig aus den vorhandenen Aufgaben zu diesem Bereich eine Aufgabe aus und stellt Ihnen diese als personalisiertes, geschütztes PDF zu.

In der Regel erfordern diese Aufgaben, aus einer vorhandenen Situations- und Anforderungsbeschreibung ein angemessenes IT-/Softwaresystem zu entwerfen, zu dokumentieren und den vom iSAQB ernannten Prüfern dieses im Rahmen eines telefonischen Interviews zu erläutern.

Sie haben für die Bearbeitung ab Übergabe der Aufgabenstellung sechs Monate Zeit. Der iSAQB erwartet von Ihnen eine schriftliche Ausarbeitung mit einem maximalen Umfang von fünfzig A4-Seiten Text und Diagrammen. Implementieren brauchen Sie nicht, dürfen Sie aber!

1 Ein solcher Antrag auf Anerkennung von CPs muss die detaillierte Agenda der besuchten Schulungen enthalten, Name und Adresse des Trainingsanbieters sowie eine Kopie der Teilnahmebestätigung. Kontaktadresse dafür ist dann [2]. Details finden Sie auf der Website unter [1].

Advanced-Zertifizierung (2): Prüfung

Die von Ihnen eingereichte Lösung wird durch zwei vom iSAQB bestellte Prüfer bewertet. Dazu bekommen die Prüfer vom iSAQB einen aufgabenspezifischen Kriterienkatalog.

Beide Prüfer werden mit Ihnen anschließend ein etwa 60-minütiges telefonisches Interview durchführen. Dabei müssen Sie Ihren Entwurf gegenüber Fragen der Prüfer verteidigen.

Links

[1] Website zum CPSA-A (Advanced Level): *http://www.isaqb.org/certifications/advanced-level/*

[2] Kontaktadresse des iSAQB e.V. : sekretariat@isaqb.org

KAPITEL 12

Glossar

Im iSAQB-Foundation-Lehrplan kommt eine Reihe von Begriffen vor, die in vielen Büchern über Softwareentwicklung leider fehlen – diese Lücke möchten wir hier ansatzweise schließen.

Bitte beachten Sie: Wir erklären hier nur einen kleinen Teil der für die CPSA-F-Prüfung relevanten Begriffe. Es ersetzt keine ausführliche Einführung in das Thema, wie etwa [1].

Abstraktheit: Metrik für Quellcode objektorientierter Systeme: Die Anzahl abstrakter Typen (Interfaces und abstrakte Klassen) dividiert durch die Gesamtzahl aller Typen.

Adapter: Entwurfsmuster, ursprünglich formuliert für Nutzung in objektorientierten Programmiersprachen, praktisch jedoch auch für andere Systeme verwendbar. Passt die Schnittstelle eines Bausteins an eine andere, von ihren Nutzern erwartete Schnittstelle an. Das Adaptermuster lässt Bausteine zusammenarbeiten, die wegen inkompatibler Schnittstellen ansonsten dazu nicht in der Lage wären. Vergleichbar aus dem Alltag: Adapter, der die unterschiedlichen Formen der (Strom-)Steckdosen aus Deutschland und USA miteinander verbindet.

arc42: Frei verfügbares Template zur Beschreibung und Dokumentation von Softwarearchitekturen, siehe *http://www.arc42.de* bzw. *http://www.arc42.org*.

ATAM: „Architecture Tradeoff Analysis Method". Szenariobasierte, qualitative Bewertungsmethode für Softwarearchitekturen. Ansatz: Formuliere möglichst feingranulare Qualitätsziele (Qualitätsszenarien). Bewerte die Softwarearchitektur einzeln gegen alle diese Szenarien und finde Risiken, Nichtrisiken oder beim Entwurf eingegangene Kompromisse.

Architekturziel: Ziel, das die Softwarearchitektur langfristig erreichen soll. Synonym zu „Qualitätszielen" oder Qualitätsanforderungen. Kontrastiert oft zu den meist kurzfristigen Projektzielen und Randbedingungen, wie Termin und Kosten.

Baustein: Teil der statischen Struktur von Softwarearchitektur, beispielsweise Teil- oder Subsystem, Komponente, Modul, Paket, Klasse. Kann weitere Bausteine enthalten (hierarchisch schachtelbar). Abstrakter Begriff für sämtliche Bestandteile von Programm- oder Quellcode.

Blackbox: Sicht auf einen →Baustein, die den internen Aufbau (die innere Struktur) dieses Bausteins verbirgt. Blackboxen genügen dem EVA-Prinzip: Eingabe – Verarbeitung – Ausgabe. Sie haben mindestens fest definierte Ein- und Ausgabeschnittstellen sowie klar abgegrenzte Funktion, Zweck oder Verantwortung. Optional definiert eine Blackbox nicht funktionale Merkmale (wie etwa Laufzeiten oder Mengengerüste). →Whitebox.

Bottom-up-Vorgehen: Arbeitsrichtung beim Modellieren und Entwerfen: Ausgehend vom Konkreten oder Detaillierten hin zum Abstrakten oder Allgemeinen. →Top-down.

Broker: (übersetzt Makler). Architekturmuster zur Strukturierung von Systemen, in denen die Bestandteile über Serviceaufrufe zusammenarbeiten. Services registrieren sich beim Broker. Der Broker verantwortet die Kommunikation zwischen den Clients, d. h. Clients nutzen Services über den Broker. Beispiel: CORBA (Common Object Request Broker Architecture).

Dependency Injection: Benutzt- oder Enthalten-Beziehungen von Bausteinen werden zur Laufzeit durch eine dedizierte Komponente aufgebaut statt von den jeweiligen Bausteinen selbst. Bekannte Vertreter sind Spring oder Google Guice.

Deployment: Überführen von Softwarebausteinen auf Ausführungsumgebungen (Hardware, Rechner, Prozessoren). →Verteilung.

DIN/ISO 9126: Standard zur Kategorisierung von Qualitätsmerkmalen für Software. Kerngedanke: Unterteilung von Softwarequalität in sechs Merkmalsgruppen (Kategorien), die jeweils durch Submerkmale verfeinert werden. Immer noch populär und häufig verwendet, obwohl der Standard inzwischen durch die ISO-25000er-Serie (SQuaRE – Software product Quality Requirements and Evaluation) ersetzt wurde.

Domain-driven Design: Entwurf und Implementierung von Softwaresystemen auf Basis fachlicher Abstraktionen: DDD implementiert fachlich motivierte „Dinge" (Entitäten) und „Dienste" (Services) als Grundlage der gesamten Softwarearchitektur. In der Praxis zusammen mit Test-driven Development eingesetzt.

Enterprise-IT-Architektur: auch Unternehmensarchitektur. Strukturen und Konzepte der IT-Unterstützung ganzer Unternehmen. Atomare Betrachtungsgegenstände der Enterprise-IT-Architektur sind einzelne Softwaresysteme, oft „Anwendungen" genannt.

Facade (Fassade): Ein Entwurfsmuster aus der Kategorie der Strukturmuster. Eine Fassade stellt eine meist vereinfachte Schnittstelle zu einem anderen Baustein oder System bereit.

Factory (Fabrik): Entwurfsmuster in objektorientierten Programmiersprachen zum Verbergen des internen Aufbaus komplexer Objekte.

FMC (Fundamental Modeling Concepts): Grafische Notation für die Modellierung von Systemen. → *http://fmc-modeling.org/*

Geheimnisprinzip: auch Information Hiding. Entwurfsprinzip: Zu einem →Baustein wird nur die Information bereitgestellt, die zur korrekten Benutzung dieses Bausteins erforderlich ist. Verborgen werden Implementierungsdetails, interne Datenstrukturen oder interne Entwurfsentscheidungen.

Global Analysis: Untersuchen aller (globalen) Einflussfaktoren und Anforderungen an ein System. Aus dieser Analyse Strategien zur Erfüllung dieser Anforderungen (insbesondere der nicht funktionalen) ableiten.

IEEE-1471: Amerikanischer Standard „Recommended Practice for Architectural Description of Software-Intensive Systems", auch ISO/IEC 42010:2007. Definiert einen Rahmen für die Beschreibung von Architekturen.

Information Hiding: →Geheimnisprinzip

Kapselung: Entwurfsprinzip: Verhinderung des Zugriffs auf die Interna eines →Bausteins.

Kohäsion: Der Grad der inhaltlichen/fachlichen Bindung der Elemente (z. B. Aufgaben, Verantwortlichkeiten) innerhalb eines Bausteins.

Kopplung: Grad der Abhängigkeiten zwischen zwei Bausteinen.

Laufzeitsicht: Zeigt das Zusammenwirken einzelner →Bausteine (bzw. deren Instanzen) zur Laufzeit eines Systems, dabei insbesondere zeitliche Zusammenhänge und Reihenfolgen. Beispiele von Laufzeitsichten sind UML-Sequenzdiagramme.

MDA: „Model-driven Architecture". OMG-Standard für die modellgetriebene Softwareentwicklung. Definition der OMG: „An approach to IT system specification that separates the specification of functionality from the specification of the implementation of that functionality on a specific technology platform." → *http://www.omg.org/mda/*

MDSD: „Model-driven Software Development". Modellgetriebene Softwareentwicklung bezeichnet Entwicklungsprozesse, bei denen Modelle im Mittelpunkt stehen und als eigenständige Entwicklungsartefakte genutzt werden. In der Regel werden bei MDSD-Prozessen aus Modellen Code oder Codeartefakte generiert (d. h. durch Transformation von Modellen erzeugt). Siehe beispielsweise Stahl, T.; Voelter, M.: „Modellgetriebene Softwareentwicklung" (dpunkt.verlag 2007) oder *http://www.eclipse.org/Xtext/*.

Modellbasierter Entwurf: Allgemein: Entwurf auf Basis von Modellen oder Abstraktionen, beispielsweise Domänenmodellen, Architekturmustern oder Ähnlichen (→MDSD). Im Speziellen oft zusammen mit Generatoren zur Codegenerierung verwendet.

Nicht funktionale Anforderung: Oft synonym zu Qualitätsanforderung. Eine Anforderung, die nicht die Funktionalität des Systems betrifft. Nicht funktionale Anforderungen betreffen häufig Qualitätsmerkmale oder geben Randbedingungen für die Systementwicklung vor. Beispiele: Anforderungen zu Durchsatz, Last oder Performance, Zuverlässigkeit oder Änderbarkeit.

Offen-Geschlossen-Prinzip: Bausteine sollen offen für Erweiterungen sein, dazu aber geschlossen für Änderungen (d. h. für die Erweiterung sollen keine bereits laufenden Teile geändert werden müssen). Original: „software entities (classes, modules, functions, etc.) should be open for extension, but closed for modification" (Bertrand Meyer, 1998). Umsetzbar beispielsweise durch Schnittstellenvererbung in objektorientierten Systemen.

PoEAA: Patterns of Enterprise Application Architecture. Lesenswertes Buch von Martin Fowler, Addison-Wesley, 2002.

POSA: Pattern-oriented Software Architecture. Serie von Büchern über Architekturmuster. Lesenswert z. B. Buschmann, Frank et al.: „Pattern-Oriented Software Architecture“, Vol. 4: „Pattern Language for Distributed Computing“, Wiley Verlag, 2007.

Qualität (Software): Der Grad, in dem Software eine gewünschte Kombination aus Eigenschaften (wie Funktionalität, Zuverlässigkeit, Sicherheit etc.) besitzt. Definiert u. a. in IEEE 1061.

Qualitätsbaum: Hierarchische Verfeinerung von Qualitätsanforderungen: An der Wurzel steht der Begriff „Qualität“, der dann verfeinert wird. An den Blättern finden sich üblicherweise Anwendungs- oder Nutzungsszenarien, die die jeweiligen Qualitätsanforderungen konkret beschreiben.

Registry: Eine Registry ist ein „bekanntes“ Objekt (für Freunde der GoF-Patterns: oftmals ein Singleton), das beim Auffinden allgemeiner Dienste oder Objekte hilft.

Ressourcenorientierter Ansatz (zur Definition von Schnittstellen): Beschreibung von Schnittstellen anhand der zwischen den Schnittstellenpartnern ausgetauschten Ressourcen (Daten, Dateien, Objekte etc.). Kontrastiert zu →Serviceorientiertem Ansatz

RM/ODP: Reference Model for Open Distributed Processing. Abstraktes Metamodell zur Beschreibung/Dokumentation von Informationssystemen. Definiert in ISO/IEC 10746.

Serviceorientierter Ansatz (zur Definition von Schnittstellen): Beschreibung von Schnittstellen anhand der angebotenen Services (Methoden, Funktionen, Dienste). Entspricht üblichen API-Definitionen (Application Programming Interfaces). Kontrastiert zu →Ressourcenorientiertem Ansatz.

TOGAF: The Open Group Architecture Framework. Ansatz zur Planung und Pflege von →Enterprise-IT-Architekturen.

Top-down: Arbeitsrichtung beim Modellieren, Entwerfen, Kommunizieren und Dokumentieren (!): Ausgehend vom Abstrakten (Allgemeinen, Groben) zum Konkreten (Speziellen, Detaillierten). →Bottom-up

Whitebox: Zeigt den internen Aufbau eines Systems oder Bausteins aus Blackboxen und deren gegenseitige Beziehungen sowie die Schnittstellen dieses Bausteins (der Whitebox) in dessen Umgebung. Gegenstück: →Blackbox

Links & Literatur

[1] Starke, Gernot: „Effektive Software-Architekturen – Ein praktischer Leitfaden", 6. Auflage, Carl Hanser Verlag, 2014

[2] IEEE Standard Glossary of Software Engineering Terminology (Standard 610.12-1990). Alt, aber gründlich. Muss niemand für eine CPSA-F-Prüfung lesen. Immer gut für einen Eintrag im Literaturverzeichnis eines Projekts.

KAPITEL 13

Über die Autoren

Peter und Gernot

Gründer und Maintainer/Committer von arc42, dem freien Portal für Softwarearchitektur, -dokumentation und -entwurf (*http://www.arc42.de* und *http://www.arc42.org*); Mitgründer und aktive Mitglieder des International Software Architecture Qualification Board iSAQB.

Gernot wirkt dort in den Arbeitsgruppen „Advanced Level Qualification“ sowie „Foundation and Examination“, Peter engagiert sich für Zertifizierungen und die Internationalisierung.

Wir beide haben bereits mehrere gemeinsame Bücher geschrieben:

- Hruschka, Peter; Rupp, Chris; Starke, Gernot: „Agility kompakt“, Spektrum Akademischer Verlag, 2. Auflage, 2009
- Starke, Gernot; Hruschka, Peter: „Software-Architektur kompakt“, Spektrum Akademischer Verlag, 2. Auflage 2011
- Hruschka, Peter; Starke, Gernot: „Knigge für Softwarearchitekten“, entwickler.press, 2012

Dr. Peter Hruschka

Informatikstudium an der TU Wien, Promotion über Echtzeitprogrammiersprachen.

Achtzehn Jahre im Rahmen eines großen deutschen Softwarehauses verantwortlich für Software Engineering. Initiator, Programmierer und weltweiter Prediger und Vermarkter eines der ersten Modellierungstools.

Seit 1994 selbstständig als Trainer und Berater mit den Schwerpunkten Software-/Systemarchitekturen, Business Analysis und Requirements Engineering, oft auch im Umfeld technischer Systeme.

Gebürtiger Österreicher, aber seit 1976 Wahl-Aachener. In seiner kargen Freizeit Nordic Walker, Kanute, Golfer und Keyboardspieler.

Peter ist Mitglied der Atlantic Systems Guild (*www.systemsguild.com*) – trotz seiner moderaten Mitgliederanzahl seit mehr als fünfunddreißig Jahren wegweisend in der Methodenentwicklung. Auf dieser Website finden Sie auch die vielen Bücher, die Peter und die Gilde in den letzten fünfunddreißig Jahren geschrieben haben.

Dr. Gernot Starke

Informatikstudium an der RWTH Aachen, Promotion über Software-Engineering an der J. Kepler Universität Linz. Langjährige Tätigkeit bei mehreren Software- und Beratungsunternehmen als Softwareentwickler, -architekt, und technischer Projektleiter.

1996 Mitgründer und technischer Direktor des „Object Reality Center", einer Kooperation mit Sun Microsystems. Dort Entwickler und technischer Leiter des ersten offizielle Java-Projekts von Sun in Deutschland. Seit 2011 Fellow der innoQ GmbH.

Gernot lebt mit seiner Traumfrau, Cheffe Uli, und seinen bald erwachsenen Kindern Lynn und Per in Köln. Hobbys: Yoga, Mountainbiken, Geocaching, Softwarearchitektur.

Einige Bücher aus seiner Feder:

- Starke, Gernot: „Effektive Software-Architektur – Ein praktischer Leitfaden", Carl Hanser Verlag, 6. Auflage, 2014
- Eilebrecht, Karl; Starke, Gernot: „Patterns kompakt", Spektrum Akademischer Verlag, 4. Auflage, 2013
- Starke, Gernot; Tilkov, Stefan (Hrsg): „SOA-Expertenwissen." dpunkt.verlag, 2007